¡Ssssssshhhhhhhhhhh!

Haz del teatro algo íntimo

Llévalo siempre en el bolsillo

Cubierta y diseño editorial: Éride, Diseño Gráfico
Dirección editorial: ángel jiménez

Primera edición: septiembre, 2025

juicio al gran tirano
(enemigo del pueblo)
© Florián Recio
© VdB, 2025
Espronceda, 5
28003 Madrid

VdB

ISBN: 979-13-87644-40-6
Depósito Legal: M-19388-2025
Diseño y preimpresión: Éride, Diseño Gráfico

 Este libro protege el entorno

juicio al gran tirano

enemigo del pueblo
(Premio FATEX 2022)

Basada en hechos reales

El 16 de enero de 1918 el Estado Ruso juzgó a Dios por crímenes de guerra. Anatoli Vasilievich Lunacharscki, comisario del pueblo para la instrucción pública, presidió la corte. Como Dios no se personó, sentaron en el banquillo de los acusados a una vieja biblia en representación suya. El juicio duró cinco horas, durante las cuales se escenificó escrupulosamente el ritual procesal con todo lujo de detalles: hubo ángeles presentando pruebas de culpabilidad basadas en testimonios históricos y abogados defensores. El jurado dictaminó que Dios debía ser fusilado. A las 6,30 horas de la mañana siguiente se ejecutó la sentencia. Un pelotón de fusilamiento disparó cinco ráfagas de ametralladora contra el cielo de Moscú.

Con esta premisa he construido dos obras, *Enemigo del pueblo*, en pura clave comedia, y *Contra las cuerdas*, que baja el tono de comedia y lo lleva al terreno dramático, sin exagerar. *Enemigo del pueblo* es una parodia del juicio real que llevó a cabo Lenin. *En Contra las cuerdas*, mi ficción consiste en imaginar que el 4 de marzo del 1953, justo el día antes de su muerte, Stalin, viejo, enfermo, presintiendo su fin, decide repetir aquel juicio que Lenin encargó a Lunacharscki e incitar a Dios a un careo.

Florián Recio
(Almendralejo, Badajoz, 1962)

Licenciado en Filología Hispánica y máster en Lexicografía Hispánica. Novelista, con varios libros de relatos y obras dramáticas representadas en multiples escenarios españoles.

Autor de varias colecciones de relatos como *La extraña familia de la que te hablé*, *Muertes impares*, *Historias de otro mundo*, *Yo maté a Joaquín Sabina y otros relatos del azar* también ha publicado las novelas *Teoría del fracaso*, *Morirás en Sodoma*, *Lo que salvaría del fuego* y *Botarates*; además de un ensayo, cargado de humorismo y de retranca, titulado *Apocalipsis Imbécil*.

Y como dramaturgo es autor de las comedias *Enemigo del pueblo* y *Botarates*. Sus estrenos en Festival Internacional de Teatro Clásico de Mérida son: *Los gemelos* (2013, adaptación de la obra homónima de Plauto), *El cerco de Numancia* (2015, sobre la obra de Cervantes), *Los pelópidas* (2016, adaptación de la obra original de Jorge Llopis), *Viriato* (2019), *La aparición* (2024) y *Cleapatra enamorada* (2025).

De próxima aparición son *Visión de Babilonia* (relatos) y *La pecera* (teatro).

FLORIÁN RECIO

juicio al gran tirano
enemigo del pueblo

Personajes
Por orden de aparición

SECRETARIA
COMISARIO
ABOGADO DEFENSOR
EVA
ÁNGEL ESPADA
OFIDIA
JUDAS
LUCIFER
SOLDADO 1
SOLDADO 2
SARGENTO

La obra está concebida para ser representada por tres actores.

Una sala del juzgado. Estrado para los testigos. Silla para la SECRETARIA. *Plataforma para el* COMISARIO.

SECRETARIA ¡En pie! Preside la corte su excelencia, Anatoli Vasílievich Lunacharski, comisario popular para la instrucción pública.

(*Entra el* COMISARIO *y se dirige a su estrado. Golpea la mesa con el martillo judicial.*)

COMISARIO Que comience el proceso.

(*Los asistentes toman de nuevo asiento.*)

SECRETARIA Dieciséis de enero de mil novecientos diez y ocho. Caso número 19, barra 06, expediente 72. El Estado del Pueblo contra Dios, también conocido con el sobrenombre de Altísimo, Padre, Ser Supremo, Creador, Señor, Todopoderoso...

COMISARIO Concluya, Secretaria. Concluya.

SECRETARIA Se acusa al antes citado Dios Padre de los delitos de crímenes contra la humanidad, genocidio, homicidio, infanticidio, incitación al crimen, cohecho, racismo, misoginia, xenofobia, vandalismo, destrozo de propiedad pública y maltrato animal.

COMISARIO   ¿Eso es todo?

SECRETARIA   Sí, excelencia.

COMISARIO   ¿Pruebas determinantes de los crímenes de los que se le acusa?

SECRETARIA   Todo, excelencia, está registrado y documentado en este libro que el mismo procesado ha ido redactando a lo largo de su carrera criminal.

              (*Enseña una Biblia.*)

COMISARIO   ¿De su puño y letra?

SECRETARIA   No exactamente. El acusado es analfabeto, excelencia.

COMISARIO   ¿Analfabeto? ¿Cómo va a ser omnisapiente y analfabeto? Es una contradicción.

SECRETARIA   No se lo discuto, excelencia, pero le aseguro que ni un solo renglón ha salido de su mano, señoría. Se vale de negros.

COMISARIO   ¿Negros?

SECRETARIA   Dicho desde el respeto, excelencia, no me malinterprete. Negros, mercenarios, obreros, peones, braceros, como usted guste, señoría, lo que importa es que el acusado no escribe.

COMISARIO   Así, pues, ¿ningún capítulo es de su autoría?

SECRETARIA   Ninguno, excelencia. Todos son revelados. Esto es, dictados a los negros de los que antes le hablaba.

COMISARIO   Que conste en acta. Y, ahora, haga usted el favor de leer a este tribunal alguno de esos escritos en los que se basa la acusación.

SECRETARIA   Por supuesto, excelencia. Pero, si el señor Comisario lo permite, leeré un solo ejemplo por cada cargo.

COMISARIO   Me parece oportuno. Proceda.

SECRETARIA   Procedo. Crimen contra la humanidad, registrado en el Génesis, capítulo séptimo, versículo veintitrés, denominado Diluvio de Noé: el acusado asesinó de forma premeditada a más de veinte millones de personas por el método que en el argot del hampa se denomina «del garbanzo».

COMISARIO   ¿El método del garbanzo, Secretaria?

SECRETARIA   Poner a la víctima en remojo, excelencia, hasta su total aniquilación.

COMISARIO   Ummm. Entiendo. Continúe.

SECRETARIA   Libro Segundo de las Crónicas, capítulo dé-
              cimo cuarto, versículos del nueve al catorce.
              El acusado asesina a un millón de etíopes.
              Genocidio.

COMISARIO   ¡Qué bárbaro! ¡Un millón de personas en
              solo seis versículos!

SECRETARIA   Libro del Éxodo, capítulo décimo segundo,
              versículos veintinueve y treinta. El acusado
              mata a los primogénitos del pueblo egipcio.
              Un millón de muertos. Infanticidio.

COMISARIO   Basta, Secretaria. Es suficiente. Nos hacemos
              un retrato cabal de la mente despiadada del
              acusado. Haga usted pasar al susodicho. (*Sale
              la* SECRETARIA. *Entra* ABOGADO. *Se coloca en la
              tarima de los acusados*.) Así que es usted Dios
              Padre Creador del cielo y de la tierra...

ABOGADO   No, excelencia, yo solo soy su abogado defen-
              sor. El acusado, al carecer de una dirección
              conocida, no ha podido ser debidamente
              notificado.

COMISARIO   Umm. Entiendo.

ABOGADO   Es por ello, señoría, que pido sea la causa re-
              chazada y el caso cerrado *ad aeternum*.

COMISARIO   ¿Así que *ad aeternum*?

ABOGADO   Sí, excelencia. Es el proceso regular.

COMISARIO   Umm. Entiendo. Es el procedimiento, en efecto.

ABOGADO   Gracias, excelencia.

COMISARIO   Sin embargo, según consta en el expediente de su defendido, es omnipresente.

ABOGADO   Bueno, excelencia, las palabras son interpretables…

COMISARIO   Nada de interpretaciones, letrado. ¿Es omnipresente o no lo es? Porque aquí está escrito. Y si es mentira me veo en la obligación de desestimar el expediente y enjuiciarlo a usted también, por falsedad documental.

ABOGADO   No, excelencia, por supuesto que no es falso.

COMISARIO   Eso pensaba yo. Lo que quiere decir que si es omnipresente está en todas partes. ¿Me equivoco?

ABOGADO   No, excelencia, no se equivoca.

COMISARIO   Eso pensaba yo. Y si está en todas partes, he de colegir que en estos momentos se encuentra en esta sala. ¿Colijo o no colijo con criterio, señor abogado?

ABOGADO   Colige, excelencia, colige.

COMISARIO   Eso pensaba yo. Así, pues, tome esta Biblia. Siéntela en el banco de los acusados. Ella representará a su cliente. No creo que haya mucho problema. Es lo que lleva haciendo por siglos, ¿no es cierto?

ABOGADO   Todo esto, excelencia, es muy irregular.

COMISARIO   Que pase el primer testigo de cargo. Hagan entrar a la señora doña... (*Lee entre los papeles.*) doña Eva. (*Entra* EVA.) Nombre y procedencia.

EVA   Eva, esposa de Adán, madre de Caín y de Abel.

COMISARIO   Domicilio habitual.

EVA   Paraíso Terrenal, sin número. Al menos lo fue hasta que (*Señala la Biblia.*) me desahució y me echó a la calle como a una rata.

(*Llora.*)

COMISARIO   ¿Podría usted explicarnos las causas de tal desahucio?

EVA   Morder una manzana.

ABOGADO   Protesto, señoría, no fue una manzana sino la intención...

COMISARIO   Silencio. Protesta denegada. Deje usted expresarse a la señora. Continúe, por favor.

EVA   Gracias, camarada. Mi marido y yo trabajábamos de guardeses en una finca, propiedad del acusado.

COMISARIO   ¿Puede usted presentar contrato laboral, partes de alta en la seguridad social o cualquier otro documento oficial que acredite esa relación contractual a la que hace mención?

EVA   ¿Cómo dice usted?

COMISARIO   Que si firmó usted algún contrato de trabajo.

EVA   No. Era todo de palabra. En esos tiempos nos fiábamos los unos de los otros. ¿Cómo iba yo a pensar que se portaría así? Con lo que hicimos mi Adán y yo por él.

COMISARIO   Explíquese, señora.

EVA   Verá, usted, excelencia, el Paraíso, cuando nosotros llegamos, era un caos. Nada estaba fichado. No había manera de llamar a nada por su nombre. Así que mi Adán y yo tuvimos que poner nombre y apellido a todos los animales. Uno a uno. Y a las plantas. Y a las piedras. Un no acabar, su excelencia.

COMISARIO   Que conste en acta que, amén de guardeses, se obligaba a los testigos a ejercer de botánicos y taxonomistas. Su turno, abogado.

ABOGADO   Gracias, excelencia. Señora Eva, acusa a mi cliente de haber ejecutado contra usted y su familia un desahucio desleal.

EVA   Muy desleal, sí señor.

ABOGADO   Y admite que fue motivado por una desobediencia de su parte

EVA   ¡Mordí una manzana!

ABOGADO   Del árbol prohibido. Debió suponer que tendría consecuencias.

EVA   Es verdad. Pero yo creí que las consecuencias de morder una manzana serían una caries o una diarrea, no que nos echaran a la calle.

ABOGADO   ¿Mordió usted o no mordió del fruto prohibido?

EVA   Pues mire, en realidad, el que mordió fue mi marido.

ABOGADO   ¿Y qué hizo su marido tras cometer el desacato?

EVA   Echarme la culpa a mí.

ABOGADO   ¿Y qué hizo usted en su defensa?

EVA   Eché la culpa a una serpiente.

COMISARIO   ¿Y qué hizo el patrón al respecto?

EVA   Nos echó a los tres a la calle. Y hasta el presente, excelencia.

COMISARIO   Que conste en acta. Abandono de propiedad privada en lugar público. ¿Tiene algo más que añadir, señora?

EVA   ¿Es que le parece a usted poco lo que llevo ya añadido, señor Comisario?

COMISARIO   Puede usted retirarse, señora. Muchas gracias. (*Salen* EVA y ABOGADO.) Siguiente testigo. Señor don Ángel Espada. Háganle pasar. (*Entra el testigo.*) ¿Jura usted decir la verdad y solo la verdad, en nombre del Estado del Pueblo?

ÁNGEL   Juro.

COMISARIO   ¿Es usted don Ángel Espada?

ÁNGEL   No, señoría. Mi nombre es Serafín, lo de *ángel espada* es por el oficio. Yo soy el ángel de la espada de fuego.

COMISARIO   Entiendo. Bien, don Serafín. ¿Podría decirnos cuál es su relación con el acusado?

ÁNGEL   Era guardia de seguridad en una de sus fincas.

COMISARIO   ¿Qué finca? Concrete.

ÁNGEL   El Edén, señoría. Concretamente, a la entra-
               da de esa finca.

COMISARIO   Así que era usted portero.

ÁNGEL   Hombre, señoría, dicho así.... A mí me dije-
               ron, tú te colocas en la puerta y no dejes pa-
               sar a nadie. Mi consigna era «no pasarán».
               Me dieron las órdenes, un par de alas, una
               espada de fuego. Y al curro.

COMISARIO   ¿Posee usted titulación que acredite su ca-
               pacidad para el uso de ese instrumento?

ÁNGEL   ¿Qué instrumento?

COMISARIO   La espada de fuego.

ÁNGEL   Titulación no tengo, señoría, pero...

COMISARIO   Que conste en acta. Distribución de material
               incendiario a personal carente de cualifica-
               ción y sin uniforme ignífugo reglamentario.
               Volvamos a su relación laboral. Háblenos de
               sus funciones.

ÁNGEL   Mi función, en sustancia, consistía en impe-
               dir la entrada a Adán y Eva al Jardín del Edén.

COMISARIO   Entiendo.

ÁNGEL   Al principio venían Adán y Eva, y yo les
               decía, no me pongáis en un aprieto, no os

arremolinéis en la puerta, dispersaos que aquí no hay nada que ver. Cosas así.

COMISARIO   ¿Y se iban?

ÁNGEL   Adán, como conoce bien al jefe y sabe que cuando te la jura es para toda la eternidad, dejó de venir. Pero Eva, que es cabezota como una mula, seguía acudiendo, día tras día.

COMISARIO   ¿Ella sola?

ÁNGEL   Al principio sí. Luego, con un hijo del brazo, y más tarde con dos. Y a mí se me caía el alma a los pies, señoría. Imagínese. Una mujer con dos criaturas, sin tener qué llevarse a la boca. Se me partía el corazón. Así que un día me dije, qué diablos, y escondí bajo las alas un par de plátanos, unas naranjas, un puñado de nueces y se las entregué a Eva.

COMISARIO   Sustrajo usted ilegalmente propiedad de su patrón.

ÁNGEL   Sustraje, señoría, sustraje. Pero que conste que con la mejor intención. Además, allá dentro se estaban pudriendo y esa pobre mujer me miraba con unos ojos que daban lástima…

COMISARIO   ¿Cuántas veces incurrió usted en dicho delito?

ÁNGEL   No tuve ocasión de incurrir, señoría. Él lo ve
               todo. Y lo sabe todo. Y no pasa ni una. Ni ol-
               vida ni perdona, se lo digo yo. Aquel mismo
               día pasé de ángel de la espada a ángel caído.
               Sin preaviso.

COMISARIO   Despido improcedente, que conste en acta.
               ¿Quisiera usted añadir alguna cosa más a su
               declaración?

ÁNGEL   Creo que no, señoría.

COMISARIO   Bien. En tal caso, puede usted retirarse. (*Se
               va* ÁNGEL.) La Corte llama al siguiente testi-
               go. Doña Ofelia.

               (*Aparece doña* OFIDIA *y sube al estrado.*)

OFIDIA   Ofidia, excelencia, si no le importa.

COMISARIO   ¿Cómo dice?

OFIDIA   Que mi nombre es Ofidia, no Ofelia.

COMISARIO   Lo que usted diga. ¿Jura usted decir la ver-
               dad y solo la verdad, en nombre del Estado
               del Pueblo?

OFIDIA   Juro.

COMISARIO   Diga su nombre completo y procedencia.

OFIDIA   De nombre, Ofidia, como ya le he dicho; pero todos me llaman Serpiente. Me conocerá usted porque siempre se me retrata incitando a sus primeros padres al pecado.

COMISARIO   ¿Y no es cierto?

OFIDIA   Pues claro que no es cierto. ¿Agarré yo acaso a Adán y a Eva de la boca y les hice morder la manzana a la fuerza? ¿Es que tengo yo la culpa de que esos dos fueran unos memos? Déjeme hacerle una pregunta, excelencia. ¿Conoce usted a fondo la Biblia?

COMISARIO   A fondo, a fondo…

OFIDIA   ¿Qué pensaría si le digo que no existe en ese libro ningún otro capítulo, versículo, párrafo ni siguiera una sola línea en la que se mencione a un animal que hable, excepto los que se refieren, claro, a la serpiente, es decir, a mí?

COMISARIO   ¿Es cierto eso?

OFIDIA   Absolutamente. Los animales no hablan. Ni siquiera en el Paraíso. ¿Y va usted a creer que la serpiente, de súbito y como por ciencia infusa, se ve imbuida por la facultad del habla, y aprovecha tal prodigio para convencer a dos fulanos para que mordisqueen una manzana?

¿Es que no tendría yo cosas más importantes que decir ni que hacer que ponerme a parlotear con esos dos memos?

COMISARIO   Es lo que pone aquí.

OFIDIA   Ya sé que lo pone ahí. Y no me sorprende que lo ponga puesto que sé quién lo escribió. Pero ¿admitimos que es un portento sin precedentes el que un animal hable?

COMISARIO   Un portento, sin duda.

OFIDIA   ¿Y no es menos portento el que, siendo testigos de tal maravilla, los humanos lo tomen con tal naturalidad como si en vez de escuchar hablar a una serpiente en medio de un jardín estuvieran escuchando radio Moscú en una romería?

COMISARIO   Extraordinario, en efecto.

OFIDIA   Y, dígame, excelencia, ¿quién es el único ser capad de realizar tales portentos?

COMISARIO   ¡El patrón!

OFIDIA   ¡El patrón! En efecto. ¡Es usted un genio!

COMISARIO   Vale. Pero ¿por qué querría el patrón que los hombres pecaran?

OFIDIA   Pues porque se dio cuenta de que su obra salió defectuosa. Alguien menos vanidoso habría hecho borrón y cuenta nueva. Pero eso no va con él. ¿Admitir un error? Ni lo sueñe. Implicaría que no es tan omnisapiente como presume. Y antes muerta que sencilla. Hizo que las culpas recayeran sobre las criaturas y no sobre el creador.

COMISARIO   Y ahí interviene usted.

OFIDIA   Exacto. Fue una serpiente como podía haber sido un oso panda. En cuanto los humanos mordieron la manzana, apareció el patrón y la emprendió conmigo: «maldita serás entre todas las bestias, sobre tu vientre te arrastrarás y pondré enemistad entre ti y los hombres». Figúrese. Ni sabía de qué me estaba hablando. Y me puso la maleta en la puerta.

COMISARIO   Señor letrado, ¿tiene usted alguna pregunta para la testigo?

ABOGADO   No, señoría.

COMISARIO   Me lo imaginaba. En fin, señora, ¿desea usted añadir alguna otra cosa?

OFIDIA   No, excelencia. Ninguna.

COMISARIO   Bien, entonces puede usted... (OFIDIA *aban-dona el estrado deslizándose como una serpiente antes de que el propio* COMISARIO *termine de dar la orden. Se cala las gafas y busca el nombre del siguiente testigo. Una vez encontrado, se dirige a la* SECRETARIA.) Bien, este tribunal solicita la presencia del siguiente testigo. Por favor, Secretaria, haga pasar al señor... Judas Iscariote. (*Al pronunciar el nombre se escucha un fuerte y clamoroso abucheo proveniente del público inexistente. El* COMISARIO *golpea la mesa con el mazo de mando.*) Silencio. Orden en la sala. Pero, bueno, ¿a qué se debe este alboroto? Silencio o hago desalojar de inmediato.

(*El abucheo cesa. Entra el personaje y sube al estrado.*)

JUDAS   Buenos días, excelencia.

(*En cuanto abre la boca, el abucheo comienza. Y con él, el enfado del* COMISARIO, *que golpea desaforado con el mallete.*)

COMISARIO   Silencio todo el mundo. Maldita sea. ¿Pero esto qué es? Al próximo que abra la boca lo mando a Siberia.

JUDAS   No se preocupe, señoría, si estoy acostumbrado. Llevo así dos mil años.

COMISARIO   ¿Dos mil años escuchando abucheos?

JUDAS
Ay, abucheos. Si solo fuera eso. Abucheos, insultos, pellizcos, pedradas, escupitajos, chistes ofensivos. De todo. Y todo malo. El mío es un nombre maldito. Me odian a mí más que a Caín, que mató a su hermano.

SECRETARIA
Es que usted no mató, pero hizo matar.

JUDAS
Yo no hice…

SECRETARIA
Uy, que no hizo, dice. Usted es más que asesino, es traidor, que es más feo…

COMISARIO
Silencio, señorita. ¿Cómo se atreve?

SECRETARIA
Lo siento, señoría, pero ha de admitir que hay cosas a las que cuesta resistirse, y la traición es una de ellas.

COMISARIO
Por favor, diga su nombre, apellido y relación con el acusado.

JUDAS
Mi nombre es Judas, de apellido Iscariote.

(*Nuevos abucheos. Nuevo golpear del mazo.*)

COMISARIO
Continúe, por favor. Su nombre ya lo sabemos, no es necesario que lo repitamos. Y, para evitar más altercados, de ahora en adelante, si le parece bien, le llamaremos, simplemente, el testigo.

JUDAS
Me parece bien, señoría.

COMISARIO   Pues, entonces, continuemos. Diga el testigo qué relación mantenía usted con el acusado.

JUDAS   Fui su tesorero, excelencia.

COMISARIO   ¿Tesorero? ¿Es que, además de todos los delitos ya mencionados, hay que añadir el de capitalista?

JUDAS   Yo no sé de eso, señoría. Lo que sé es que me eligió a mí para que administrara nuestros pequeños haberes, nada, bagatelas.

SECRETARIA   Y como le parecieron pocos los haberes, decidió venderlo por un puñado de monedas de plata. Traidor.

JUDAS   Pero, bueno, excelencia, ¿yo he venido aquí como testigo o como acusado?

COMISARIO   Tiene usted razón. Y usted, señorita, haga el favor de ceñirse a su trabajo. Prosiga, por favor, señor Judas. (*Abucheo del público, que cada vez que escucha el maldito nombre salta como un resorte. El* COMISARIO *golpea la mesa. El público calla.*) Orden en la sala. No volveré a repetirlo. Y usted, señor Ju… (*Mira al público.*)…señor testigo, explique eso de que era usted su tesorero.

JUDAS   ¿Puedo remontarme al principio?

COMISARIO   ¿Al Génesis?

JUDAS   No, al principio de nuestra relación.

COMISARIO   Ah, sí, claro, si es solo eso, remóntese, joven, remóntese.

JUDAS   Pues verá usted, excelencia, yo era pescador, como mi padre, como mis abuelos. Como fuimos honrados, nunca fuimos ricos, pero yo, aun de lo poco, sabía hacer economías, y creo que por eso fue por lo que me eligió a mí para llevar las cuentas del grupo que…

COMISARIO   Espere, hijo, espere. Lo eligió, ¿quién?

JUDAS   Dios, claro, ¿de quién estamos hablando si no?

COMISARIO   ¿Quiere decir que Dios en persona se le apareció a usted y le pidió que le llevara la contabilidad?

JUDAS   Hombre, dicho así… En realidad no fue Dios en persona. Quien me contrató fue su hijo. Un chico majísimo.

SECRETARIA   Al que usted vendió por treinta sucias monedas…

JUDAS   Se equivoca, señorita. Sé lo que le han contado de mí, pero no tiene ni idea. Y para que se entere, en esta historia yo soy el traicionado, yo el damnificado, yo el vendido.

SECRETARIA   Ahora se me hace la víctima. Pues mira, la suerte que tienes es que no sea yo la que tiene el mazo, porque entonces te ibas a enterar de lo que es la justicia…

COMISARIO   No se lo vuelvo a advertir, señorita, a la próxima va usted a la calle.

JUDAS   Yo digo la verdad, excelencia. Estoy bajo juramento. No niego que entregué a Jesús, pero solo porque él me lo pidió.

COMISARIO   ¿Él le pidió que lo traicionara?

JUDAS   Sé que suena raro, pero juro que es la verdad. Verá, excelencia, Jesús había venido al mundo a cumplir la palabra de su padre, que la había dejado por escrito ahí (*Señala la Biblia.*) por medio de los profetas. ¿Y qué decían esas profecías? Pues que tenía que ser traicionado, muerto y resucitado, ya sabe usted. De esto, claro, nosotros, los apóstoles, no teníamos conciencia, porque, para serle sincero, la mayoría de nosotros no sabíamos ni las cuatro reglas, pero, cuando el maestro nos fue aleccionando y explicando qué se esperaba de nosotros, ninguno quisimos presentarnos voluntarios para el papel.

COMISARIO   ¿Qué papel?

JUDAS   El de traidor, ya se lo he dicho.

SECRETARIA   Pues, por lo que se ve, alguien sí que lo acep-
               tó…

JUDAS   ¿Y qué iba a hacer? Ustedes no lo conocían.
               Por las buenas, un bendito, pero por las ma-
               las… Un día que tuvo capricho de higos se
               acercó a una higuera, y porque no tenía hi-
               gos le dijo no sé qué maleficio y la secó. Yo
               le dije, maestro que estamos en marzo, cómo
               va a tener higos la pobre. Pues nada. Como
               el palo de una fregona la dejó. Ahí está es-
               crito (*Señala a la Biblia.*) en Mateo, capítu-
               lo 21, versículos 18 y 19, por si cree que
               miento.

COMISARIO   Que conste en acta: vandalismo y daño con-
               tra la propiedad pública.

JUDAS   Yo creo que lo de la higuera lo hizo como ad-
               vertencia, para que supiéramos de lo que era
               capaz por las malas. Y si eso fue así por un
               capricho, imagínese usted, excelencia, de lo
               que sería capaz si alguien se interpone entre
               sus planes de hacer cumplir la palabra de su
               padre.

COMISARIO   Entiendo. Que conste en acta: coacción y
               abuso de autoridad.

JUDAS   Yo lo amaba, señoría. Y en ocasiones me ha-
               cía sentir que Él me conocía a mí mejor que

yo mismo. A ver, me conocía, sí, pero no en el sentido bíblico. Bueno, sí, es bíblico porque estamos en la Biblia, pero no en el sentido de conocerse bíblicamente, no sé si me explico.

COMISARIO   No, hijo, no se explica.

JUDAS   Quiero decir que lo amaba como a un amigo, como a un hermano, como a un maestro, no como... ya me entiende usted... En fin, que yo estaba dispuesto a cualquier cosa por complacerlo. A cualquier cosa, menos a traicionarlo, claro.

SECRETARIA   Sí, sí...

JUDAS   Yo no soy un traidor. Nunca en mi vida traicioné a nadie. Y menos que a nadie, a Él. Y Él lo sabía. Coño, que era Dios y lo sabe todo, fíjese usted si sabría mi historial, que por algo me hizo su apóstol, digo yo.

COMISARIO   Ese lenguaje, caballero. Modérese.

JUDAS   Usted disculpe, excelencia. El caso es que un día lo vi caminando a solas, cabizbajo, triste, más meditabundo que de costumbre, le pregunté qué le ocurría y me dijo que estaba decepcionado, que se había equivocado de cabo a rabo al elegir a doce panolis, doce cobardicas, doce inútiles que iban a echar a perder el plan de su padre por un quítame allá esos escrúpulos. Dijo que si nadie se ofrecía a complacerle se vería obligado a pedírselo a otro menos quisquilloso. Figúrese, excelencia. A esas alturas fichar al apóstol número trece. Me pareció una barbaridad. Entonces fue cuando le dije que podía contar conmigo para lo que quisiera.

COMISARIO   ¿Por superstición?

JUDAS   No, por pundonor. No quería que viniera uno nuevo a llevarse la gloria de hacer lo que a nosotros nos daba apuros.

SECRETARIA   O sea, que lo tuyo fue un favor.

JUDAS   Pues sí.

SECRETARIA   Más falso que Judas… eso es lo que eres.

JUDAS   ¿Usted ha escuchado, excelencia? ¿Ha visto lo que uno tiene que aguantar?

COMISARIO   He oído, hijo.

JUDAS   Pues así, dos mil años.

SECRETARIA   Y lo que te rondaré…

JUDAS   Yo fui el único que me avine a cumplir sus deseos. Y bien caro que lo pagué. Me pidió que lo denunciara, para que todo se cumpliera según la palabra de los profetas. Y es lo que hice. Muy a mi pesar.

SECRETARIA   Esa es tu versión. Pero lo que dicen los papeles es que lo vendiste con un beso, hipócrita.

JUDAS   Pero qué beso ni qué beso. ¿Tú crees que a los romanos le hacía falta que yo le señalara quien era Jesús con un beso o con un rótulo? Anda ya. Pero si Jesús llevaba tres años predicando y haciendo milagros a diestro y siniestro y era más conocido que el propio Pilatos, que solo faltaba que lo llevaran a la «Isla de los famosos». Eso del beso, como el resto de la historia, se lo han sacado de la manga los que me quieren mal. Yo me acerqué a su oreja, sí, pero para decirle: Maestro, he hecho lo que me pediste. Eso es todo.

COMISARIO   ¿Y Él qué hizo?

JUDAS   Me devolvió el beso en señal de agradecimiento. Después de todo, era el único de los doce que le había sido fiel.

SECRETARIA   Vamos, esto es lo que me faltaba por oír.

COMISARIO   De modo que usted actuó siguiendo las órdenes de un superior, ¿estoy en lo cierto?

JUDAS   Así es, excelencia. Yo fui un mandado. Lo hice con la mejor de las intenciones. Pues ya ve usted de qué me sirvió. He pasado a la historia como el Yoko Ono de los apóstoles. El que rompió la banda.

COMISARIO   Entiendo. Que conste en acta. Calumnia y ofensa al honor del señor Judas Iscariote. (*Abucheos.*) Orden en la sala. Y usted, caballero, ¿algo más que añadir?

JUDAS   No, excelencia. Para qué. Ya ve usted que por mucho que diga no hay modo de que me crean.

COMISARIO   Puede usted retirarse.

(JUDAS *sale entre el abucheo del público.*)

SECRETARIA   Un poco Yoko Ono sí que me ha parecido a mí. Dicho desde el respeto, excelencia.

COMISARIO   Perdone, secretaria, ¿Qué quiere usted decir?

SECRETARIA   No sé, que me pareció como que el personaje requería mucha atención para sí.

COMISARIO   Es posible, no digo yo que no.

SECRETARIA   Igual son cosas mías, que una no es cotilla ni quiere meterse donde no la llaman, pero, vamos, que si no rompió la banda hizo todo lo posible para que la cosa no funcionase. Porque a mí que no me digan, pero eso de estar siempre por medio, lo mismo le daba que fuera la última cena que el primer desayuno, sin dejar espacio para la intimidad, impidiendo que los hombres cumplieran religiosamente con su trabajo.

COMISARIO ¿Eso hacía Judas?

SECRETARIA No, excelencia, hablo de Yoko Ono.

COMISARIO Ah, disculpe. La música moderna no es lo mío.

SECRETARIA Por otro lado, piense en esa obsesión por andar siempre pegado a las faldas del líder. Esa obsesión por las causas perdidas. Esa falsa modestia de parecer como que no estás, pero, así, de rondón, como quien no quiere la cosa, vas y te cuelas en los libros de historia.

COMISARIO ¿Eso ha hecho la tal Yoko Ono?

SECRETARIA No, excelencia, le hablo de Judas Iscariote.

COMISARIO ¿Se está usted burlando de este tribunal, secretaria? Porque mire que si se está burlando le meto un paquete que Siberia le va a parecer Marina D´Ors.

SECRETARIA Usted, disculpe, excelencia. Ya me callo. Si en realidad yo soy más de los Rolling.

COMISARIO Siguiente testigo. (*Mira los papeles. Los remira. Duda en pronunciar su nombre. Pero no le queda más remedio y lo dice.)* Que pase el señor Lucifer. *(Música satánica, tenebrosa inunda la sala. Las luces se apagan y se encienden misteriosamente, y todo el escenario se colorea de tonos infernales cuando entra en escena... una señora de apariencia pacífica, más bien tirando a beata, que se dirige al estrado con paso corto y mojigato, la cabeza cubierta por una caperuza.)* Señor letrado, ¿me quiere decir quién es esta señora?

(El ABOGADO *se aproxima a ella y muy amable le dice.)*

ABOGADO   Disculpe, señora, pero creo que ha habido un error. Usted no debería estar aquí. El tribunal ha llamado al señor Lucifer.

LUCIFER   Nada de eso, hijo. El error es suyo. No es Lucifer, seguro que lo que quiere usted decir es Santa Lucía Fernanda de Siracusa, y por abreviar hay quien me dice Lucifer, nada raro por otra parte, pues no ignorará usted que a las que se llaman María Luisa las llaman Marilú y Maritoni a las María Antonia.

(El ABOGADO *lanza una mirada de socorro al* COMISARIO, *el cual se calza las gafas y vuelve a mirar los papeles.)*

COMISARIO   Entiendo, señora, pero aquí dice, bien claro, que...

LUCIFER   Pues los que escribieron eso se equivocan.
            Como llevan equivocándose ustedes desde
            que empezó esta parodia de juicio, que ver-
            güenza debería darles criticar a Dios y su obra,
            como si hacer el mundo estuviera al alcance
            de cualquier peladilla. (*Se dirige al* ABOGA-
            DO.) A ver, ¿dónde estabas tú cuando Él fun-
            dó la tierra? (*Apunta con el dedo al* COMISA-
            RIO.) Y usted, señoría, ¿es que va a condenar
            a Dios por salirse con la tuya? ¿Tienes tú un
            brazo como el de Dios? ¿Truena tu voz como
            la suya?

ABOGADO   ¡Excelencia, esta señora nos está largando
            entero el libro de Job!

LUCIFER   No entero, hijo, solo unos versículos, pero de-
            berían bastaros y, como Job, también vosotros
            deberíais arrepentiros y decir: admito que he
            hablado de lo que no entendía, de maravi-
            llas que me superan y que ignoro.

COMISARIO   ¿Nos está llamando ignorantes, señora? Le
            advierto que está usted en…

LUCIFER   Los llamo ignorantes, burros, brutos, y es
            lo más suave que se me ocurre. ¡Pues no se
            creen con autoridad como para juzgar al mis-
            mo Dios! ¡Ya hay que ser arrogantes y brutos!

ABOGADO   Señoría, si me permite, tengo que decir que
            a mí esto no me huele bien, aquí pasa algo
            raro. (*El* ABOGADO *se acerca al estrado y le*

levanta la caperuza y, en efecto, la señora tiene dos incipientes cuernos que la acreditan como el mismísimo LUCIFER.*)* ¡Lo sabía! ¡Es Lucifer! Con razón decía yo que olía raro, excelencia. Como que me olía a azufre.

LUCIFER   Vale, pues sí, soy Lucifer, sí, pero eso no quita para que en todo lo que he dicho tenga más razón que un santo.

COMISARIO   No lo entiendo. Yo creí que Lucifer era…

LUCIFER   ¿Qué? ¿Un hombre? ¿Un señor con rabo y patas de cabra? Vamos, excelencia, no sea usted machista. Por otra parte, puedo adoptar la figura que más me guste según la ocasión, y admitirá que esta no está nada mal.

COMISARIO   No, no me refería a su apariencia, quise decir que no entiendo que se persone el mismísimo Lucifer a defender a Dios. Tenía entendido que ustedes eran enemigos declarados…

LUCIFER   ¿Enemigos? Pero qué cosas dice usted. Perdone que le diga, excelencia, pero se le nota que de educación religiosa anda muy justito, y la culpa no es suya, son estos malditos planes de estudio, que no sirven más que para confundir. Si en mi mano estuviera obligaría a los colegios a…

COMISARIO   Señora, que se va usted por las ramas. Limítese a responder a mi pregunta.

LUCIFER   ¿Qué pregunta?

COMISARIO   ¿Es usted amiga del acusado?

LUCIFER   ¿Amigos? Mire, Dios y yo, más que amigos, somos colegas, camaradas, socios comanditarios en esto de la creación del universo, y lo digo sin petulancia, créame. Hacer un universo no es moco de pavo, hijo, incluso para un dios. Se precisa una de cal y otra de arena. Digamos que yo puse la de cal.

COMISARIO   Entiendo.

LUCIFER   Yo estaba allí cuando todo empezó, cuando ustedes no eran más que un puñado de barro informe. Por eso comprenderá que me irrite cuando oigo las barbaridades que se han dicho en esta sala.

COMISARIO   Hombre, señora, barbaridades…

LUCIFER   Y de las tremendas. Con el corazón en la mano le digo que cuanto se ha dicho de Él en este tribunal carece de fundamento. Mentiras y más mentiras. ¡Querer acusar a Dios! Pero, ¿cómo os atrevéis? ¡Si es un bendito!

ABOGADO   Protesto, señoría, la testigo se confiesa coautora y socia del acusado, por lo que pido que su testimonio no sea tenido en cuenta.

COMISARIO   Protesta denegada. Señor letrado, dejemos
               que la señora se explique.

ABOGADO   Pero, señoría, es evidente que la testigo tra-
               ta de confundir a este tribunal con sus em-
               belecos.

LUCIFER   ¿Embelecos?

ABOGADO   Embelecos, sí señora, muchas palabras y nin-
               guna prueba.

LUCIFER   ¿Quieres pruebas, alma de cántaro? ¿Qué
               más pruebas quieres, cegato? (*Señala a la Bi-
               blia.*) Están todas ahí. Abre cualquier pági-
               na del Antiguo Testamento y verás que an-
               damos Él y yo, codo con codo, divirtiéndo-
               nos…, quiero decir, dando instrucciones a
               los hombres de cómo dirigir sus vidas. Sin
               nuestra guía seguiríais aún subidos a los ár-
               boles, y muchas veces pienso si no habría
               sido mejor dejaros ahí arriba. (*Sin pedir per-
               miso ni prestar atención a las caras de descon-
               cierto del* COMISARIO *y del* ABOGADO, LUCIFER *va
               hacia la Biblia, la toma entre las manos, hojea y,
               cuando llega a las páginas que le convienen, le
               da la Biblia al* ABOGADO.) Lea estos párrafos,
               por favor, en voz alta y clara, si es tan amable.

ABOGADO   Si un padre tiene un hijo rebelde lo llevará
               ante los ancianos y dirá este hijo mío es un
               libertino y entonces todos los hombres de la

ciudad lo lapidarán hasta que muera. Deuteronomio, 21, 18-20.

LUCIFER   Continúe.

ABOGADO   Si un hombre fuere sorprendido yaciendo con una mujer casada, serán muertos los dos.

LUCIFER   Siga, por favor. Escuche, excelencia, la siguiente es mi preferida.

ABOGADO   Cuando se están peleando dos hombres, si la mujer de uno de ellos se acerca para ayudar a su marido y agarra al contrario por los testículos, le cortarás la mano sin que tus ojos se compadezcan.

LUCIFER   Deuteronomio, capítulo 25, versículos 11 y 12. Ahí lo tiene usted señoría. Podríamos seguir todo el día, pero creo que con ese botón de muestra quedará usted convencido. Os dimos leyes claras y concisas, que hasta un abogado como este puede entenderlas, dicho sin ofender. Leyes con su sal y su pimienta, como que estaban dadas por la misma sabiduría, aunque esté feo el decir eso de una misma. Pero las cosas son como son. De modo que si los humanos habéis llegado a este punto de ofuscación y de perversidad no le echéis las culpas a Él, que es en todo inocente, echádselas a su hijo.

COMISARIO   ¿Su hijo, señora?

LUCIFER   Exacto, su hijo, Jesús, Cristo, el Redentor, el
             Salvador, el Cordero de...

COMISARIO   Sé quién es su hijo, lo que no sé es porqué
             habría de cargar el hijo con la culpas del pa-
             dre, puesto que, según ha quedado ya demos-
             trado, fue el padre el creador del mundo, y
             por lo tanto de la humanidad y sus leyes.

LUCIFER   Eso es mucho suponer, señoría. El padre, en
             efecto, creó el mundo y con mi modesta ayu-
             da, que todo hay que decirlo, dio unas leyes,
             bien concretas y fáciles de seguir, como ya
             he demostrado. Y mientras los hombres se
             regían por ellas iba todo como la seda. Pero
             llegó el niño, quiero decir, el hijo, y lo tras-
             tornó todo.

ABOGADO   Protesto, señoría, la señora olvida que el mis-
             mo acusado ha confesado alguna vez ser una
             trilogía...

LUCIFER   Querrá decir una trinidad, ignorante.

ABOGADO   Tríada, trilogía, trinidad, el caso es que Él
             mismo ha dicho que el padre, el hijo y el es-
             píritu santo son una misma cosa.

LUCIFER   También yo he dicho que Lucifer, Belcebú y
             Satanás somos una misma cosa y me he que-
             dado tan ancha.

COMISARIO   ¿Confiesa usted ser también una trilogía, señora?

LUCIFER   Una trinidad, excelencia. Y sí, por qué no. Si el bien son tres, el mal no iba a ser menos.

COMISARIO   Ya veo. Que conste en acta. Empate técnico en la cuestión de las trinidades. Continúe usted, señora. Decía que el hijo es el que ha trastornado el mundo…

LUCIFER   Así es, excelencia. Trastornado, loco, como una cabra, ya lo creo. Lo ha puesto todo patas arriba, que desde que el dichoso niño se encarnó está el mundo en carne viva, que no hay quien lo maneje.

COMISARIO   Pues, disculpe si le digo que no lo entiendo, porque si el padre lo sabe y lo puede todo, también sabría cómo meter en vereda a su hijo, digo yo.

LUCIFER   Eso mismo le he dicho yo mil veces, excelencia. Lo tienes consentido, se te está subiendo el crío a las barbas. Y ni caso. Pero qué le voy a contar a usted. ¿Usted tiene hijos? ¿Sí? Pues entonces ya sabrá que eso de educar a un hijo no hay dios que lo entienda. Los hijos van siempre a la contra de sus padres. Y este no iba a ser menos. Donde el padre dice «ojo por ojo y diente por diente», él dice «no toméis represalia contra el malvado»; donde el padre dice «no te acostarás con un varón como quien se acuesta con una mujer, que es cosa abominable», el hijo dice «amaos los unos a los otros y todo cuando deseéis que os hagan los hombres, hacedlo igualmente vosotros con ellos».

ABOGADO   ¿Está usted en contra del amor homosexual, señora?

LUCIFER   En absoluto, pero que no lo llamen matrimonio…

ABOGADO   Pues, perdone que le diga, pero su discurso huele a rancio que apesta.

LUCIFER   Será lo que usted diga, pero en la Biblia está escrito, y lo que dice ahí... va a misa.

ABOGADO   Señoría, me gustaría que constara en acta que a mí eso de amarse los unos a los otros me parece muy acertado y que si es eso todo cuanto esta señora puede decir en contra del hijo no veo motivo para encausarlo.

LUCIFER   ¿Ah, sí? ¿De modo que le parece a usted bonito eso de andarse por ahí amándose los unos a los otros como perros en celo?

ABOGADO   Pues sí. Acertado, justo y moderno. También soy de la opinión de que no hay mejor ley que la de hacer a los demás lo que a uno le gustaría que le hicieran.

LUCIFER   Pues, perdone que le diga, pero, por su pinta, me temo que a mí no me gustaría que me hicieran las cosas que le han de gustar a usted…

ABOGADO   ¿Mi pinta? ¿Qué insinúa? Protesto, señoría…

LUCIFER   Excelencia, yo solo digo que el mundo estaba mejor antes de que el hijo apareciera y os metiera esas cosas en la cabeza.

ABOGADO   Pues yo solo digo que el hijo no podía ser tan malo cuando lo único que pregonaba era «amaos los unos a los otros».

LUCIFER   Pues yo solo digo que no sería tan bueno practicando su propio eslogan cuando estuvo cuatro días en el mundo y acabó odiándolo hasta el apuntador.

COMISARIO   Espere, señora, no vaya tan rápido, que me pierdo. Dice usted que el mundo odiaba, pero no entendí bien a quién, si al padre o al hijo.

LUCIFER   Al hijo, por supuesto. Del padre nadie ha dicho jamás una palabra en contra. Ni él lo hubiera consentido. Pues menudo es para aguantar chuflas de nadie. A la mínima te monta una Sodoma y se queda tan fresco.

ABOGADO   Protesto, señoría, no es cierto que al hijo lo odiara todo el mundo, por el contrario, el pueblo lo amaba y…

LUCIFER   ¿Ah, sí, listillo? ¿Dónde ha leído eso, en el «Mundo Today»? Porque suena a chiste. Mira, hijo, al hijo no lo soportaba nadie, y con razón. Pero si tenía doce amigos y uno de ellos acabó vendiéndolo por treinta monedas y aún estoy por asegurar que si lo apuran lo habría hecho gratis.

ABOGADO   Protesto, señoría, está dando por válida la versión que el anterior testigo ha demostrado ser falsa...

LUCIFER   Lo que tú quieras, hijo. Pero te aseguro que no le caía bien a nadie. Lo odiaban los panaderos y lo odiaban los pescaderos porque multiplicaba panes y peces que luego repartía gratis, que ya son ganas de fastidiar el libre mercado. Lo odiaban los médicos, porque curaba sin pasar honorarios. Lo odiaban los sastres y los zapateros porque decía a la gente que no se preocuparan por lo que vestirían y lo que calzarían el día de mañana, que miraran los lirios del campo lo lindo que iban sin necesidad de sastres ni zapateros.

ABOGADO   Ahí la he pillado, señora. Todos esos motivos que usted alega los hizo en beneficio del pueblo.

LUCIFER   Beneficio del pueblo, dice. Es más tonto aún de lo que parece a simple vista, hijo.

ABOGADO   Excelencia, quiero que conste en acta que todo cuando el hijo hizo fue distribuir la riqueza entre los necesitados, como haría un buen comisario del pueblo.

LUCIFER   Mira, hijo, no sé dónde te dieron a ti el diploma de abogado, pero te aseguro que en historia no apruebas ni con enchufe. El hijo no era ningún comisario del pueblo. Ya te he dicho que todos lo odiaban. Con decirte que lo odiaban hasta los de las funerarias por esa manía de ir por ahí resucitando muertos. Cómo no lo iban a crucificar. No había gremio en el que no metiera baza y en todos se hizo antipático. Mire, excelencia, hágame caso, que sé lo que me digo, juzgue y condene al hijo y olvídese del padre que nunca ha dicho una palabra que pueda alterar el orden, pero el hijo, ah, ese es otro cantar, señor mío.

COMISARIO   ¿De veras estima usted que debo sobreseer la causa contra el padre y abrirla contra el hijo?

LUCIFER   ¿Que si lo estimo? Mire, excelencia, la suerte que usted tiene, quiero decir, su país, es que por fortuna nadie le ha hecho caso hasta ahora, pero si por un casual prendiera la mecha de sus doctrinas sería la catástrofe, la hecatombe, el apocalipsis, la caraba.

COMISARIO   Me inquieta su certeza, señora, ¿en verdad es tan peligroso el individuo en cuestión?

LUCIFER	Juzgue usted mismo, señoría. Lo que el hijo pregona es que todos los hombres son hermanos…
ABOGADO	¿Qué hay de malo en ello? Nosotros los rusos pregonamos que todos los proletarios somos hermanos.
LUCIFER	Cuando yo digo que usted es un rarito…
ABOGADO	Protesto, señoría…
COMISARIO	Protesta denegada. Admita que algo rarito sí que es…
LUCIFER	¿Ha pensado alguna vez en la consecuencia de que a los hombres les diera por considerarse hermanos? ¿No? Pues mire, le voy a decir alguna. La primera consecuencia de que los hombres sean hermanos sería que habría que abolir las fronteras…
COMISARIO	Un mundo, un país. No es descabellado…
LUCIFER	Entre hermanos no hay rangos, ni categorías, se acabarían los reyes, los presidentes, los ministros, los papas, los obispos…
ABOGADO	Mejor, a menos bulto más claridad.
LUCIFER	Se acabarían los ejércitos, porque el muchacho reniega de la violencia.

ABOGADO   Nosotros, como hombres de leyes, también renegamos de la violencia y solo creemos en el poder de la ley.

LUCIFER   ¿Ah, sí? ¿Y cómo harías cumplir tu ley si no hubiera un ejército armado que las respaldara, listillo? ¿Crees que la gente se iría voluntariamente a la cárcel o a los campos de trabajo solo porque tú la amenazaras con tu libro de derecho, mameluco?

COMISARIO   Señora, esa lengua.

LUCIFER   Es que me llevan los diablos…

ABOGADO   Se irrita porque le he frustrado su plan de desviar la atención del padre tratando de incriminar al hijo, del cual, hasta ahora, no ha alegado nada que pueda incriminarlo.

LUCIFER   ¿Ah, no? Pues, verá usted, caballerete, lo que yo digo es que si prendieran sus ideas entre las gentes del pueblo no solo no habría ejércitos ni guerras ni banderas ni reyes ni patrias a las que servir ni por las que morir, es que ni siquiera estaríamos usted y yo aquí sentados, ni tampoco lo estaría su excelencia.

COMISARIO   Explíquese.

LUCIFER   ¿Es que no escuchó usted nunca lo que dijo a un discípulo que quiso meter en litigo a uno que le requería no sé qué?

COMISARIO   Ahora no caigo…

LUCIFER   Pues le dijo que se olvidara de abogados y lo resolviera, como quien dice, a la gallega: quien quiera quitarte la túnica, déjale también el manto. Ahí está, Mateo 5, 38, por si necesita pruebas.

COMISARIO   Así que despreciaba a los abogados. Qué jodido muchacho. Me cae simpática la criatura.

ABOGADO   Hombre, excelencia…

LUCIFER   Le caían mal, pero no tanto como los jueces.

COMISARIO   ¡Eh! Cuidado con lo que insinúa, señora. Eso ya es más grave.

LUCIFER   Lo que yo le diga, excelencia. A los jueces les tenía una inquina especial.

COMISARIO   Que conste en acta. Desacato y desafío a la autoridad. Espero que tenga pruebas de esa terrible acusación.

LUCIFER   En el Evangelio de Lucas está escrito, excelencia, capítulo 7, versículo 12: no juzguéis y no seréis juzgados pues con la medida que midáis seréis medidos. Así que ya lo ve, ni abogados ni jueces. De triunfar el hijo, ustedes tendrían que quitarse los pelucones y ponerse a trabajar.

COMISARIO ¿Trabajar? Pero ese muchacho es un anarquista, un libertario.

ABOGADO Un hippy.

COMISARIO Un agitador.

ABOGADO Un impío.

COMISARIO Un descarado.

LUCIFER Ahora ya nos vamos entendiendo. Ahora ya comprenden la importancia del caso. Si la humanidad siguiera las enseñanzas del hijo sería el fin del mundo, al menos del mundo tal y como el padre y yo lo habíamos edificado.

ABOGADO Y siendo el padre y usted omnipotentes, ¿no hicieron nada por remediar tales desatinos?

LUCIFER Por supuesto que hicimos, excelencia, faltaría más.

COMISARIO Ya entiendo, usted fue quien ordenó lo de la crucifixión.

LUCIFER No, eso fue cosa del padre, que tiene un pronto terrible. Pero luego se le pasa y no es nadie, de ahí que a los tres días le levantara el castigo y lo resucitó.

ABOGADO ¿Y usted qué hizo?

LUCIFER   Demostrarle al niño por la vía práctica que lo que decía sobre ser imposible adorar a Dios y a las riquezas es una falacia, como el resto de su doctrina.

COMISARIO   ¿Fundó usted un banco?

LUCIFER   No. Fundé la iglesia.

ABOGADO   Bien jugado.

COMISARIO   Así que fue usted. Diablo malo. Picarilla.

LUCIFER   Gracias, excelencia.

COMISARIO   En fin, señora, ¿tiene usted algo más que declarar?

LUCIFER   Nada más, excelencia.

COMISARIO   Pues que conste en acta que el subversivo y revolucionario es el hijo y no el padre.

LUCIFER   Gracias, excelencia.

COMISARIO   Está bien, pues por mi parte puede usted irse al infierno... quiero decir, que puede usted retirarse y volver a su casa. (LUCIFER *sale de escena. El* COMISARIO *y el* ABOGADO *se quedan unos segundos en silencio, como digiriendo la gravedad de lo que acaban de descubrir. El* COMISARIO *como para sí.*) Un mundo sin jueces...

ABOGADO   Y sin abogados, excelencia.

COMISARIO   Trabajar. Un juez, un servidor del Estado, ¡qué barbaridad!

ABOGADO   Sin patrias, sin reyes ni banderas, sin armas ni propiedad privada por la que litigar, qué futuro nos esperaría a los abogados.

COMISARIO   Y a los jueces, letrado, y a los jueces, no lo olvide.

ABOGADO   No lo olvido, excelencia. Estamos ante un caso en verdad preocupante.

COMISARIO   Un revolucionario. Un cizañero. No me gusta, no, señor, no me gusta nada. (*Mira a derecha e izquierda y se percata de que la* SECRETARIA *no está. Golpea con el mazo una o dos veces y la manda llamar.*) ¿Y la secretaria? ¡Qué venga inmediatamente!

               (*Entra la* SECRETARIA. *Toma asiento.*)

SECRETARIA   Lo siento, excelencia, pero había ido un momento al aseo.

COMISARIO   No es excusa, secretaria. A juicio se viene aseada de casa.

SECRETARIA   No volverá a ocurrir, excelencia. Le pido disculpas.

COMISARIO   Estamos ante un caso grave. Gravísimo, de dimensiones no vistas antes y quiero tenerlos a ambos presentes cuando dicte sentencia, que les aseguro que ha de ser terrible.

SECRETARIA   Se retirará usted a deliberar, excelencia.

COMISARIO   En absoluto. Ya he deliberado.

ABOGADO   Excelencia, permita que le diga que es usted el padre del juicio exprés. Enhorabuena por la criatura.

COMISARIO   El asunto es trascendental y no hay tiempo que perder en formalidades ridículas. Ya he deliberado y estoy listo para dictar mi sentencia. Secretaria, tome usted al representante del acusado y álcelo para que todos lo veamos. (*En efecto, la* SECRETARIA *toma la Biblia y la alza a la altura de sus ojos mientras el* COMISARIO *dicta sentencia.*) Por la autoridad que me confiere el pueblo soberano declaro inocente al padre de los cargos de los que se le acusaba, pero condeno al hijo por subversivo, rebelde, alborotador y sedicioso.

ABOGADO   ¿Y?

COMISARIO   ¿Cómo que y?

SECRETARIA   Que no ha dicho usted cuál es la condena, excelencia.

COMISARIO   Ah, sí. La condena. Pues lo condeno a que
             sea de nuevo clavado en la cruz.

ABOGADO   Eso no es posible, excelencia.

COMISARIO   ¿Por qué no va a ser posible si a mí me da la
             gana clavar a alguien en la cruz?

ABOGADO   Hace tiempo que nuestras leyes no permiten
             crucificar a nadie, excelencia.

COMISARIO   Pues me parece un atraso. Habrá que revisar
             esas leyes, letrado.

ABOGADO   Sí, excelencia.

COMISARIO   Pues, bien, esta es mi sentencia; secretaria,
             tome nota: condeno al acusado a ser fusila-
             do al amanecer del día de mañana sin más
             demora. Y en vista de que el acusado no está
             presente se le fusilará en efigie, esto es, dis-
             parando una andanada al cielo.

ABOGADO   A la derecha, excelencia.

COMISARIO   ¿Cómo dice?

ABOGADO   Quisiera subrayar la necesidad de que el fu-
             silamiento se haga a la derecha.

COMISARIO   Pues yo quiero subrayar que no es este el mo-
             mento para rencores políticos, señor letrado.

ABOGADO   No es eso, excelencia. Lo que trato de recordarle es que el hijo se sienta a la derecha del padre. Y que hay que indicarle esto a los del pelotón, no sea que disparen al tuntún y nos metan en un lío.

COMISARIO   Ah, ya entiendo. A la derecha. Bien visto, letrado. Pues tome nota, secretaria. Al amanecer, un pelotón de fusilamiento disparará al cielo, a la derecha según sale el sol.

SECRETARIA   A la derecha según sale el sol. ¿Algo más, excelencia?

COMISARIO   Nada más. Eso es todo. Cúmplase.

(Golpea con el mazo, se levantan los tres personajes y se van. Se retira de escena el estrado.)

Estamos ahora en una calle a las afueras de la ciudad. Dos soldados, con sus fusiles de asalto, apoyados en un murete o una piedra, aguardan la llegada del SARGENTO. *Uno de ellos –el* SOLDADO 2– *tiene una botella de vodka y ambos van chupando de ella de vez en cuando. Aún no amaneció. Hace frío ruso. Entre frase y frase van chupando del vodka para entrar en calor, en especial el* SOLDADO 2, *que ha de manifestar en su comportamiento y ademanes los efectos del alcohol.*

SOLDADO 1   Entonces, ¿tampoco tú sabes qué hacemos aquí?

SOLDADO 2   A ver, lumbreras, somos dos fusileros con los fusiles cargados y a la espera del sargento en un maldito descampado en mitad de la noche, supongo que ya puedes hacerte una idea…

SOLDADO 1   ¿Entonces tú crees que será para una ejecución?

SOLDADO 2   Para darnos una medalla estoy seguro que no es. (*El* SOLDADO 1 *resopla, da patadas al*

aire, se le ve nervioso e incómodo, le da un tra-
go largo al vodka.) ¿Tu primera vez?

Soldado 1   No, llevo bebiendo desde los dieciséis.

Soldado 2   No, idiota, digo que si tu primera vez en un
pelotón de ajusticiamiento.

Soldado 1   Ah, sí, eso sí…

Soldado 2   Trata de no pensar en ello. Piensa en algo
agradable.

Soldado 1   ¿Cómo qué?

Soldado 2   No sé, como que estás en tu cama, bien calen-
tito, abrazado a una chica que te guste mu-
cho, o que estás comiéndote un buen filete
con patatas asadas junto a una chimenea.

Soldado 1   ¿Tú lo haces?

Soldado 2   Claro.

Soldado 1   O sea, que mientras le metes una bala en el
vientre a un desgraciado tú te estás zampan-
do un chuletón.

Soldado 2   A mí me funciona.

Soldado 1   No sé si yo seré capaz.

SOLDADO 2   Relájate. Fíjate en mí, yo no pienso en nada.

SOLDADO 1   Como si fuera tan fácil.

SOLDADO 2   Claro que lo es. Para eso se inventó el vodka.

SOLDADO 1   ¿Y si, pongamos por caso, el acusado al que tenemos que fusilar es un amigo?

SOLDADO 2   ¿Cómo que un amigo, a qué te refieres?

SOLDADO 1   Sí, un amigo. Imagina que cuando venga el sargento nos coloca frente a nosotros a tu mejor amigo, ¿qué harías?

SOLDADO 2   Apuntar y disparar.

SOLDADO 1   ¿Y si fuera tu hermano?

SOLDADO 2   Yo no tengo hermanos.

SOLDADO 1   Pues tu hermana, tu prima, qué sé yo, algo tendrás.

SOLDADO 2   Tengo un abuelo.

SOLDADO 1   Vale, ¿y si fuera tu abuelo al que nos pone ahí delante?

SOLDADO 2   Apuntaría y dispararía, qué remedio.

SOLDADO 1   ¿Y si fuera tu madre?

SOLDADO 2   ¿Mi madre? ¿Por qué iban a querer fusilar a mi madre, que tiene ochenta años y está medio ciega y nunca se ha metido en política?

SOLDADO 1   Qué sé yo, es una suposición.

SOLDADO 2   Pues suponte otra cosa, coño, que con las madres no se juega.

SOLDADO 1   Entonces, ¿si fuera ella no la fusilarías?

SOLDADO 2   A ver, chaval, nosotros somos soldados, fusileros para más señas, y hacemos lo que nos dicen, es decir, fusilar a lo que nos pongan delante. Nuestro deber es callar y obedecer.

SOLDADO 1   Vamos, que sí, que fusilarías a tu madre.

SOLDADO 2   Es que si la autoridad detuviera a mi madre es porque mi madre habría hecho algo que hubiera ofendido a la autoridad y entonces ya no sería mi madre, sería una reclusa, una traidora a la patria, y yo estoy aquí para darle pasaporte a los traidores.

SOLDADO 1   Aunque sea tu madre.

SOLDADO 2   Pero, bueno, ¿tú qué tienes con mi madre?

SOLDADO 1   Yo nada. Lo que digo es que me parece muy raro que un hijo pueda disparar a su propia madre solo porque la autoridad...

SOLDADO 2   ¿Pones en duda a la autoridad?

SOLDADO 1   No digo eso, yo solo…

SOLDADO 2   Porque si lo que me estás diciendo es que dudas de la autoridad, entonces tú y yo…

SOLDADO 1   Yo no dudo de nada, hombre, no te pongas así. Solo es que tengo la sensación de que nos convierten en sus perros de presa y que un hombre sensato, por muy soldado que sea, debe plantearse ciertas cosas antes de disparar a otra persona.

SOLDADO 2   ¿Plantearse qué?

SOLDADO 1   Pues si es o no correcto.

SOLDADO 2   Para eso ya está la autoridad.

SOLDADO 1   Sí, pero la autoridad a veces…

SOLDADO 2   ¿Qué?

SOLDADO 1   Nada. Solo pensaba en voz alta.

SOLDADO 2   Pues para pensar ya está la autoridad. Tú y yo estamos aquí para acatar órdenes.

SOLDADO 1   ¿Aunque la orden sea fusilar a tu madre?

SOLDADO 2   A que te doy de hostias.

SOLDADO 1   Perdona, no quise ofender…

SOLDADO 2   Como vuelvas a mencionar a mi madre te meto un tiro en la boca.

(*Aparece el* SARGENTO. *Dejan la botella de vodka en el suelo y se ponen en posición de firmes.*)

SARGENTO   Descansen. Bueno, chicos, aquí estamos.

SOLDADO 2   Sí, mi sargento. Estamos, sobre todo nosotros, que llevamos aquí dos horas.

SARGENTO   Bueno, no dramatices, soldado. Por mí habría venido antes, pero ya ves, he tenido que aclarar con el comisario ciertos asuntos respecto del acusado.

SOLDADO 1   Eso, ¿dónde está el acusado?

SARGENTO   (*Señala al cielo.*) Paciencia. Está a punto de aparecer. Ahí mismo.

(*Los dos soldados se miran, incrédulos, dudando si el* SARGENTO *está borracho o les está gastando una broma, porque ellos no ven a ningún acusado. Se quedan los tres en silencio, mirando al cielo. Los soldados no comprenden nada.*)

SOLDADO 2   ¿Esperamos a alguien, sargento?

SARGENTO   Esperamos a que amanezca, soldado. Las órdenes son bien claras. En cuanto aparezca el sol, apuntamos dos grados a la derecha, y ejecutamos.

SOLDADO 1   ¿Ejecutamos, a quién?

SARGENTO   ¿Y a usted que más le da, soldado? Ejecutamos, y punto.

SOLDADO 1   Solo preguntaba. No me gustaría disparar al tuntún y que luego resulte que he disparado a su madre, pongamos por caso.

SARGENTO   ¿A mi madre?

SOLDADO 2   Ni caso, sargento. Tiene fijación maternal.

SOLDADO 1   Yo solo pregunto.

SARGENTO   ¿Está poniendo en duda mi autoridad, soldado?

SOLDADO 2   Hoy lleva un día que para mí se queda.

SOLDADO 1   (*El vodka ha hecho ya su efecto.*) No, sargento. Yo soy un buen perro amaestrado. Disparo donde usted me diga. Aunque sea a la madre de este.

SOLDADO 2   ¿A mi madre? ¿A que comes caliente? ¿A que no nombras a mi madre otra vez, a que no te atreves?

(*Lo apunta con el fusil.*)

SARGENTO   Ya está ahí. Ya sale el sol. A sus puestos. Pón-
              ganse firmes y en posición que paso a leer la
              condena. (*Saca del bolsillo un papel y lee.*) Por
              orden de Anatoli Vasilievich Lunacharscki,
              comisario del pueblo para la instrucción pú-
              blica, se declara enemigo del pueblo al señor
              Jesús Cristo (*Los soldados se miran, escama-
              dos.*) por los delitos de insubordinación e in-
              citación a la rebelión. Por todo ello se le con-
              dena a ser fusilado por el Noble Ejército del
              Pueblo. Cúmplase.

SOLDADO 1   (*A su compañero.*) ¿Pero esto es en serio? ¿Va-
              mos a disparar a Jesús Cristo?

SOLDADO 2   Calla y piensa en el chuletón.

SARGENTO   A mi orden, disparen al sol. Pero tengan cui-
              dado de apuntar dos grados a la derecha.

SOLDADO 1   A mí esto me da repelús.

SOLDADO 2   A mí también, la verdad. Si te soy sincero,
              casi habría preferido que fuera mi madre.

SARGENTO   Soldados, apunten: fuego. (*Los soldados dis-
              paran. Tras la carga se quedan un segundo mi-
              rando al cielo.*) Bueno, pues ya está. Un ene-
              migo del pueblo menos.

(*Les responde un trueno y un rayo que ilumina la escena. Los soldados y el* SARGENTO *ponen pie en polvorosa. Luego de un espacio breve de tiempo,* SOLDADO 1 *sale, tímido, y recoge la botella de vodka que había quedado olvidada junto a la pared, y de nuevo echa a correr.*)

Fin.

¡Sssssshhhhhhhhhhhh!

Haz del teatro algo íntimo

Llévalo siempre en el bolsillo

Cubierta y diseño editorial: Éride, Diseño Gráfico
Dirección editorial: ángel jiménez

Primera edición: septiembre, 2025

juicio al gran tirano
(contra las cuerdas)
© Florián Recio
© VdB, 2025
Espronceda, 5
28003 Madrid

VdB

ISBN: 979-13-87644-40-6
Depósito Legal: M-19388-2025
Diseño y preimpresión: Éride, Diseño Gráfico

Este libro protege el entorno

juicio al gran tirano

contra las cuerdas

Basada en hechos reales

El 16 de enero de 1918 el Estado Ruso juzgó a Dios por crímenes de guerra. Anatoli Vasilievich Lunacharscki, comisario del pueblo para la instrucción pública, presidió la corte. Como Dios no se personó, sentaron en el banquillo de los acusados a una vieja biblia en representación suya. El juicio duró cinco horas, durante las cuales se escenificó escrupulosamente el ritual procesal con todo lujo de detalles: hubo ángeles presentando pruebas de culpabilidad basadas en testimonios históricos y abogados defensores. El jurado dictaminó que Dios debía ser fusilado. A las 6,30 horas de la mañana siguiente se ejecutó la sentencia. Un pelotón de fusilamiento disparó cinco ráfagas de ametralladora contra el cielo de Moscú.

Con esta premisa he construido dos obras, *Enemigo del pueblo*, en pura clave comedia, y *Contra las cuerdas*, que baja el tono de comedia y lo lleva al terreno dramático, sin exagerar. *Enemigo del pueblo* es una parodia del juicio real que llevó a cabo Lenin. *En Contra las cuerdas*, mi ficción consiste en imaginar que el 4 de marzo del 1953, justo el día antes de su muerte, Stalin, viejo, enfermo, presintiendo su fin, decide repetir aquel juicio que Lenin encargó a Lunacharscki e incitar a Dios a un careo.

Florián Recio
(Almendralejo, Badajoz, 1962)

Licenciado en Filología Hispánica y máster en Lexicografía Hispánica. Novelista, con varios libros de relatos y obras dramáticas representadas en multiples escenarios españoles.

Autor de varias colecciones de relatos como *La extraña familia de la que te hablé*, *Muertes impares*, *Historias de otro mundo*, *Yo maté a Joaquín Sabina y otros relatos del azar* también ha publicado las novelas *Teoría del fracaso*, *Morirás en Sodoma*, *Lo que salvaría del fuego* y *Botarates*; además de un ensayo, cargado de humorismo y de retranca, titulado *Apocalipsis Imbécil*.

Y como dramaturgo es autor de las comedias *Enemigo del pueblo* y *Botarates*. Sus estrenos en Festival Internacional de Teatro Clásico de Mérida son: *Los gemelos* (2013, adaptación de la obra homónima de Plauto), *El cerco de Numancia* (2015, sobre la obra de Cervantes), *Los pelópidas* (2016, adaptación de la obra original de Jorge Llopis), *Viriato* (2019), *La aparición* (2024) y *Cleapatra enamorada* (2025).

De próxima aparición son *Visión de Babilonia* (relatos) y *La pecera* (teatro).

FLORIÁN RECIO

juicio al gran tirano
contra las cuerdas

Personajes

Secretaria
Comisario
Abogado Defensor
Eva
Stalin
Ofidia
Katon
Dios

Hoy también es mi queja rebelión; su mano pesa sobre mis gemidos. ¡Ojalá supiera yo encontrarle, llegar hasta su trono! Ante él entablaría un juicio con mi boca llena de argumentos. Conocería las palabras de su respuesta, comprendería cuanto me dijese. ¿Necesitaría gran fuerza para discutir conmigo? No; le bastaría escucharme. Y yo, como justo, discutiría con él, haría triunfar mi causa para siempre. (Job, 23, 2-7)-

SECRETARIA   ¡En pie! Preside la corte su excelencia, Anatoli Vasílievich Lunacharski, comisario popular para la instrucción pública.

(*Entra el* COMISARIO *y se dirige a su estrado. Golpea la mesa con el martillo judicial.*)

COMISARIO   Que comience el proceso.

SECRETARIA   Cuatro de marzo de mil novecientos cincuenta y tres. Caso número 19, barra 06, expediente 72. El estado del pueblo contra Dios, también conocido con el sobrenombre de Altísimo, Padre, Ser Supremo, Creador, Señor, Todopoderoso...

COMISARIO   Concluya, secretaria. Concluya.

SECRETARIA   Se acusa al antes citado Dios Padre de los de-
               litos de crímenes contra la humanidad, ge-
               nocidio, homicidio, infanticidio, incitación
               al crimen, cohecho, racismo, misoginia, xe-
               nofobia, vandalismo, destrozo de propiedad
               pública y maltrato animal.

COMISARIO   ¿Eso es todo?

SECRETARIA   Sí, excelencia.

COMISARIO   ¿Pruebas determinantes de los crímenes de
               los que se le acusa?

SECRETARIA   Todo, excelencia, está registrado y documen-
               tado en este libro que el mismo procesado
               ha ido redactando a lo largo de su carrera cri-
               minal.

               (*Enseña una Biblia.*)

COMISARIO   Que conste en acta. Y, ahora, haga usted el
               favor de leer a este tribunal alguno de esos
               escritos en los que se basa la acusación.

SECRETARIA   Por supuesto, excelencia. Pero, si el señor
               comisario lo permite, leeré un solo ejemplo
               por cada cargo.

COMISARIO   Me parece oportuno. Proceda.

SECRETARIA   Procedo. Crimen contra la humanidad, registrado en el Génesis, capítulo séptimo, versículo veintitrés, denominado «Diluvio de Noé»: el acusado asesinó de forma premeditada a más de veinte millones de personas por el método que en el argot del hampa se denomina «del garbanzo».

COMISARIO   ¿El método del garbanzo, secretaria?

SECRETARIA   Poner a la víctima en remojo, excelencia, hasta su total aniquilación.

COMISARIO   Ummm. Entiendo. Continúe.

SECRETARIA   Libro del Éxodo, capítulo décimo segundo, versículos veintinueve y treinta. El acusado mata a los primogénitos del pueblo egipcio. Un millón de muertos. Infanticidio.

COMISARIO   Basta, secretaria. Es suficiente. Nos hacemos un retrato cabal de la mente despiadada del acusado. Haga usted pasar al susodicho. (*Sale la* SECRETARIA. *Entra* ABOGADO. *Se coloca en la tarima de los acusados.*) Así que es usted Dios Padre creador del cielo y de la tierra...

ABOGADO   No, excelencia, yo solo soy su abogado defensor.

COMISARIO   Umm. Entiendo.

ABOGADO   Mi cliente, al carecer de una dirección cono-
                 cida, no ha podido ser debidamente notifi-
                 cado. Por lo tanto, no estoy seguro de si es
                 posible llevar adelante este juicio…

COMISARIO   Por supuesto que es posible. Tome esta Bi-
                 blia. Siéntela en el banco de los acusados.
                 Ella representará a su cliente. No creo que
                 haya mucho problema. Es lo que lleva ha-
                 ciendo por siglos, ¿no es cierto?

ABOGADO   Todo esto, excelencia, es muy irregular.

COMISARIO   Que pase el primer testigo de cargo. Hagan
                 entrar a la señora doña… (*Lee entre los pa-
                 peles*) doña Eva. (*Entra* EVA.) Nombre y pro-
                 cedencia.

EVA   Eva, esposa de Adán, madre de Caín y de
                 Abel.

COMISARIO   Domicilio habitual.

EVA   Paraíso Terrenal, sin número. Al menos lo fue
                 hasta que (*Señala a la Biblia.*) me desahució
                 y me echó a la calle como a una rata.

                 (*Llora.*)

COMISARIO   ¿Podría usted explicarnos las causas de tal
                 desahucio?

EVA   Morder una manzana.

ABOGADO   Protesto, señoría, no fue una manzana, fue una sublevación...

COMISARIO   Silencio. Protesta denegada. Deje usted expresarse a la señora. Continúe, por favor.

EVA   Gracias, camarada. Mi marido y yo trabajábamos de guardeses en una finca, propiedad del acusado.

COMISARIO   ¿Puede usted presentar contrato laboral, parte de alta en la seguridad social o cualquier otro documento oficial que acredite esa relación contractual a la que hace mención?

EVA   ¿Cómo dice usted?

COMISARIO   Que si firmó usted algún contrato de trabajo.

EVA   No. Era todo de palabra. En esos tiempos nos fiábamos los unos de los otros. ¿Cómo iba yo a pensar que se portaría así? Con lo que hicimos mi Adán y yo por él.

COMISARIO   Explíquese, señora.

EVA   El Paraíso. Cuando nosotros llegamos. Un caos. Nada estaba fichado. No había manera de llamar a nada por su nombre. Así que mi Adán y yo tuvimos que poner nombre y apellido a todos los animales. Uno a uno. Y a las plantas. Y a las piedras. Un no acabar, su excelencia.

COMISARIO   Que conste en acta que, amén de guardeses, se obligaba a los testigos a ejercer de botánicos y taxonomistas. Su turno, abogado.

ABOGADO   Gracias, excelencia. Señora Eva, acusa a mi cliente de haber ejecutado contra usted y su familia un desahucio desleal.

EVA   Muy desleal, sí señor.

ABOGADO   Y admite que fue motivado por una desobediencia de su parte.

EVA   ¡Mordí una manzana!

ABOGADO   Del árbol prohibido. Debió suponer que tendría consecuencias.

EVA   Es verdad. Pero yo creí que las consecuencias de morder una manzana serían una caries o una diarrea, no un despido fulminante.

COMISARIO   ¿Eso fue lo que hizo el patrón?

EVA   Hizo más, nos echó a la calle.

COMISARIO   Que conste en acta. Abandono de propiedad privada en lugar público. ¿Tiene algo más que añadir, señora? (*Entra en escena* STALIN. *Viejo. Enfermo. Renqueante. Pero su figura aún causa espanto entre los presentes.*) ¡Camarada Stalin! ¡No sabía que estuviera usted en la sala! De haberlo sabido...

STALIN   ¡Cierre la boca! ¡No diga una palabra o juro
                que le arranco la lengua!

COMISARIO   Claro. Faltaría más, camarada Stalin.

STALIN   ¡Es usted un inepto! ¿Eva? ¿Quieren hacer-
                me creer que esa señora es Eva? ¿Qué clase
                de burla se está llevando a cabo aquí?

COMISARIO   (…)

STALIN   Responda o juro que le arranco la lengua.

COMISARIO   Nosotros... Yo... cumplo lo que se me pidió,
                camarada: un juicio a Dios...

STALIN   ¿Juicio llama usted a esta bufonada?

COMISARIO   Yo... Yo... Recibí una orden de...

STALIN   Conozco la orden. La di yo. Y no recuerdo
                haber dicho nada respecto a una mamarra-
                chada de tal calibre. ¿Eva? ¿Pero es que me
                toma usted por idiota?

COMISARIO   No osaría, camarada.

STALIN   Por supuesto que no osaría. ¿Quién es el res-
                ponsable de este esperpento?

OFIDIA   Burianov, excelencia.

STALIN   ¿Burianov? ¿Quién diablos es Burianov? Que venga de inmediato.

COMISARIO   ¡Pero, camarada Stalin, eso es imposible!

STALIN   ¿Se atreve a decirme a mí lo que es y no es posible? Más le vale que aparezca ese Burianov o seré yo quien lo busque y lo mande fusilar sobre estas mismas tablas.

OFIDIA   Lo fusiló usted ayer, camarada.

STALIN   ¿Ah, sí? Vaya ¿Y cómo dice usted que se llamaba?

OFIDIA   Burianov, camarada. Urich Burianov.

STALIN   Pues no caigo. Pero viendo lo que acabo de ver no me extraña que lo fusilara. ¿Y quién es usted? ¿Quiénes son ustedes?

COMISARIO   Cómicos, excelencia.

STALIN   ¿Cómicos? ¿Qué pretende decir con «cómicos»? Yo no ordené una comedia. Mi orden fue clara y tajante: quiero un juicio a Dios. Como el que Lenin exigió a Lunacharscki en el 18.

COMISARIO   Bueno, en realidad, si se fija usted, verá que yo estaba haciendo de comisario Lunacharscki.

STALIN Usted lo que estaba haciendo es el asno. Yo quiero un juicio real. No un sucedáneo. Quiero enjuiciar a Dios, al Gran Tirano, el Zar de Zares. Esas fueron mis órdenes. Así que nada de señoras haciéndose pasar por Eva, nada de cómicos haciéndose pasar por jueces y abogados. Nada de cómicos. Que suban al estrado filósofos, teólogos, sabios, no cómicos ramplones.

COMISARIO Sí, es justo lo que Burianov andaba buscando. Sabios. Intelectuales. Librepensadores. Pero no los encontró, camarada.

OFIDIA Por eso lo fusiló usted...

COMISARIO Entienda que no es fácil encontrar librepensadores en estos tiempos, camarada Stalin, si me permite la observación.

OFIDIA Ningún tipo de hombre libre, diría yo...

STALIN ¡Intelectuales! ¡Claro que no son fáciles de encontrar! ¡Son una pandilla de cobardes! ¡Traidores que conspiran para poner la nación en manos de potencias extranjeras! Pero no voy a detener un acontecimiento histórico porque un incompetente no sepa hacer su trabajo. Al infierno con Burianov. Que venga Tomsky.

COMISARIO Está muerto, camarada.

STALIN   ¡Maldita sea! ¿Otro saboteador? ¿También
            lo fusilamos?

OFIDIA   No. No hubo tiempo. Este se suicidó. Se arro-
            jó al Volga, excelencia.

STALIN   Cobarde. Aguafiestas. Que me traigan a Bá-
            bel, él sabrá arreglar este desaguisado.

COMISARIO   Lo fusiló usted, excelencia.

STALIN   ¿Mandelshtam?

COMISARIO   Muerto en un gulag.

STALIN   Está bien. Llamad, entonces, a Mayakovski.

COMISARIO   Se suicidó, excelencia.

STALIN   Pero ¿qué le pasa a esta gente? ¿Es que se
            han confabulado para fastidiarme? Caterva
            de conspiradores sionistas. Tendría que ma-
            tarlos a todos. Así aprenderían a no matarse
            sin mi consentimiento. Que alguien me trai-
            ga a Nikolái Bujarin.

COMISARIO   Se le fusiló en el treinta y ocho, excelencia.

STALIN   ¡Maldita sea! Esto es un condenado com-
            plot. ¿Quién narices firma esas sentencias
            de muerte?

OFIDIA   Usted, camarada.

STALIN   Ah, ¿sí? Tiene sentido. Eso explica que al final del día me encuentre tan cansado. En fin, olvidémoslo. Todos esos traidores están muertos. Al infierno con ellos. Algún intelectual de altura debe quedar en toda la madre patria.

COMISARIO   Es posible, camarada Stalin. Pero no hay quien lo encuentre.

OFIDIA   El miedo los paraliza.

STALIN   ¿Miedo? ¿Por qué habría nadie de tener miedo de ejecutar mis órdenes?

OFIDIA   No es ejecutar sus órdenes, camarada Stalin; lo que les da miedo es que usted los ejecute a ellos.

STALIN   Si fueran leales a la patria, nada tendrían qué temer. Ustedes están aquí y no tienen miedo. (*Silencio incómodo.*) ¿Ustedes tienen miedo?

COMISARIO   Tenemos más hambre que miedo, camarada Stalin.

STALIN   Eso está bien. No hay de qué avergonzarse. El miedo y el hambre han hecho grande a Rusia. Y si ustedes me dan lo que la madre patria necesita les prometo que yo les haré tan grandes como puedan desear.

COMISARIO   Hombre, camarada, si es la madre patria quien nos lo pide…

STALIN   La madre patria. Y yo. Que somos lo mismo. Y lo que la madre patria necesita en estos momentos de ustedes es que el juicio prosiga, pero sin payasadas, y que despertéis a Dios de su letargo y lo hagáis personarse en esta sala.

COMISARIO   ¡Pero, camarada, eso que nos pide es un imposible…!

STALIN   Lo que les pido es un esfuerzo intelectual.

OFIDIA   Pero nosotros no somos intelectuales…

STALIN   Basta de peros. Al próximo *pero* que escuche llamo al pelotón de fusilamiento.

COMISARIO   Si nos concede usted un par de días aún podremos conseguir algún intelectual que se ajuste a sus necesidades…

STALIN   No dispongo de un par de días. Hay que despertar a Dios hoy, ahora mismo.

OFIDIA   Pues si no despertó con la bomba atómica no sé yo si por un puñado de cómicos va a querer interrumpir el sueño.

COMISARIO   Denos algo de tiempo, excelencia.

STALIN   ¿Está tratando de negociar conmigo? Yo no negocié con Hitler, no negocié con Churchill ¡Yo no negocio ni con mi padre! O se celebra mi juicio o los envío a un gulag. Ustedes dirán. Les doy cinco minutos para que lo hablen entre ustedes. Lo que tardo en mear y volver.

(*Silencio.*)

COMISARIO   Por favor, camarada, reconsidérelo. Lo que nos pide escapa a nuestro arte. Pídanos otra cosa. Un Edipo, un Hamlet. No es por presumir, pero yo hago un Hamlet extraordinario. Y mi colega está divina en el papel de Ofelia. Tendría usted que verla…

STALIN   Una palabra más y te fusilo con mis propias manos.

OFIDIA   Al menos haga que nos proporcionen algo de comida. Prometieron que, si accedíamos a representar su *Juicio a Dios,* nos darían alimentos, para nosotros y para nuestras familias.

COMISARIO   Eso es cierto, camarada. Nos prometieron mantequilla y leche.

OFIDIA   Y pan.

STALIN   Ya comerán una vez hayamos terminado. Ustedes hacen hablar a Dios y yo haré callar a sus tripas. Ese es el trato.

OFIDIA   ¿No estará usted poniéndonos a prueba, camarada Stalin?

STALIN   ¿Pruebas? Yo no hago pruebas

OFIDIA   Pues esto no parece serio. ¿No estará usted jugando con nosotros?

STALIN   Yo nunca juego.

COMISARIO   Lo que quiere decir mi colega, camarada, es que un comunista de ley no puede defender a Dios. Y nos tememos que al defenderlo nos estemos colocando en una posición comprometida ante el partido. Porque nosotros somos ateos. Ateos y comunistas. Y estalinistas…

STALIN   Hoy tienen dispensa. Les doy mi palabra. Durante las horas siguientes se les permite hablar como hombres de fe. Consigan que Dios aparezca y no volverán a pasar hambre en la vida. Piénsenlo. Disponen de cinco minutos.

              (*Sale* STALIN.)

COMISARIO   (*A* OFIDIA.) ¿Se puede saber qué te pasa? ¿Te has vuelto loca? ¿Cómo te atreves a hablar así delante de Stalin? ¿Quieres que nos maten?

OFIDIA   Querrás decir que nos rematen. Por lo que a mí respecta, estoy muerta hace tiempo. Y tú, si no lo estás, lo pareces.

COMISARIO   ¡Calla!

OFIDIA   Estoy cansada de callar. A ti te suenan las tripas de hambre; a mí me suena el alma de tanto guardar silencio. Ya no aguanto más. Necesito gritar.

COMISARIO   Es cierto. Llevamos mucho tiempo mordiéndonos la lengua. Por eso mismo, modérate. No pasemos del silencio al grito tan abruptamente, querida. Poco a poco. Hablemos, pero bajito. (*Entra* ABOGADO.) Amigo, me tenías preocupado. ¿Dónde te habías metido?

ABOGADO   Ahí atrás. Fue ver aparecer a Stalin y me quedé petrificado. No podía mover un músculo de miedo ¿Habéis visto sus ojos? ¡No parece humano!

COMISARIO   Yo he tenido sus ojos así de cerca, y te aseguro que es como tener un pelotón de fusilamiento.

ABOGADO   ¿Os habéis percatado de su bigote? ¡Lo llevaba salpicado de migas de pan!

COMISARIO   ¡Claro que lo he visto! ¡Unas migas como aceitunas de grandes!

ABOGADO   Pan untado en aceite. Apostaría cualquier cosa. Aceite del 52, primera cosecha, sin prensar. En cuestiones de comida, mi nariz nunca me falla.

OFIDIA   ¿Queréis dejar de hablar de comida? ¿Es que somos bestias? Pensáis con el estómago. Volved a la realidad. Un tirano va a matarnos por no ser capaces de despertar a Dios.

COMISARIO   Disculpa. Tienes razón.

ABOGADO   ¿Qué clase de loco es el que obliga a una nación a declararse atea para luego montar este circo tan absurdo?

OFIDIA   La peor clase de loco: el que tiene impunidad para hacer lo que le venga en gana.

ÁNGEL   ¿Tú crees que en verdad existe Dios?

COMISARIO   No tengo ni idea; pero si existe, yo que Él daría la cara. Con Stalin no se juega...

OFIDIA   Os recuerdo que debe de estar a punto de volver.

ABOGADO   Ofidia, ¿tú qué crees que debemos decirle a Stalin? ¿Seguimos o no con esta farsa?

COMISARIO   ¡Por supuesto que seguimos! ¿Cómo vamos a decir que no?

OFIDIA   ¡Y cómo vamos a decir que sí! ¿Alguno de vosotros sabe algo de teología? Porque yo, a lo más que llego es a recitar unos versos de Santa Teresa.

ABOGADO   Vladimir. Llamemos a Vladimir.

COMISARIO   ¿Qué dices?

ABOGADO   Vladimir Katon. ¿No te acuerdas de él? El viejo profesor de filosofía. Es un sabio. Un teólogo. Él podría sacarnos del apuro.

COMISARIO   No hay tiempo.

ABOGADO   Lo has escuchado muchas veces. Habla como los ángeles. Y vive a dos pasos de aquí…

COMISARIO   ¿No escuchas? No hay tiempo. Stalin está a punto de entrar. Y, si no le damos lo que pide, nos mandará fusilar.

OFIDIA   O nos suicidará en el Volga.

ABOGADO   Katon es un buen hombre. Y le encanta hablar. No se negará. Yo voy por él. Vosotros, mientras tanto, entretened a Stalin.

OFIDIA   ¿Y cómo quieres que entretengamos a ese monstruo? ¿Jugando a las ejecuciones?

ABOGADO   Buena idea. Yo no tardaré. Lo prometo.

COMISARIO   ¿Y si no lo encuentras? ¿Y si no está en casa?

OFIDIA   ¿En serio harías venir a un inocente? Si lo involucras, puede que nosotros ganemos algo de tiempo, pero a él lo estás condenando a una muerte segura. ¿Es que no tienes conciencia?

ABOGADO   Tienes razón. Ganamos tiempo… ¡Voy a por él!

COMISARIO   Anda, no te tardes.

(*Sale* ABOGADO.)

OFIDIA   ¿Se puede saber qué entendéis vosotros por conciencia?

COMISARIO   Cualquier cosa que ayude a sobrevivir. Los males desesperados se alivian con remedios desesperados, o no tienen alivio.

OFIDIA   ¿Me vas a recitar el Hamlet?

COMISARIO   Vamos, mujer. Ya lo oíste, ese Katon fue maestro de escuela, lo que quiere decir que tiene madera de mártir. Nosotros solo somos actores; nos conformamos con sobrevivir.

OFIDIA   Sobrevivir. Esa ha sido nuestra perdición. Sobrevivir a toda costa.

COMISARIO   ¿Y qué quieres que hagamos? ¿Sublevarnos? ¿Arrojar versos románticos al paso del dictador y matarlo de una subida de azúcar? Venga, despierta, somos cómicos, no guerreros.

OFIDIA   Eres tú el que tienes que despertar. O mejor, no. No despiertes, porque, cuando lo hagas, comprenderás que hace mucho que estás muerto. Mírate. Míranos. Somos zombis, no cómicos.

COMISARIO   ¿Es que no lo has visto igual que yo? Stalin está en las últimas.

OFIDIA   ¿Crees que eso ha de consolarme? Cada aliento suyo es un insulto, y aún tiene aliento para rato.

COMISARIO   ¡No! ¡Está asustado! ¿Es que no lo entiendes? Toda esta pantomima del juicio a Dios no es sino el gesto de un hombre desesperado.

OFIDIA   Dirás de un loco.

COMISARIO   De un loco, sí. De un loco muerto de miedo.

OFIDIA   ¿De qué hablas? ¡Miedo, a qué!

COMISARIO   A la muerte, claro está. Lleva la muerte escrita en los ojos, y eso lo llena de terror.

OFIDIA   ¡Terror! Él es el emisario del terror. Juega con nosotros. Nuestro miedo lo alimenta. Pero yo ya me cansé de este juego. No voy a darle el placer de verme aterrorizada.

COMISARIO   No seas loca, mujer. Esto ya durará poco. Y sin él, las cosas cambiarán. Ya lo verás. Morirá el monstruo y vendrá la primavera. Y nosotros volveremos también a florecer. Volveremos a vestir de colores y a comer caliente y a tener zapatos nuevos y a interpretar a Shakespeare y a Plauto y reiremos y bailaremos hasta caer rendidos.

OFIDIA   ¡Quita, estúpido! ¡Cómo puedes siquiera pensar en volver a reír después de lo que hemos visto y, sobre todo, de lo que hemos callado!

COMISARIO   Lo siento, yo, lo que quise decir...

OFIDIA   Y lo más terrible es que tienes razón, el monstruo está en las últimas. Un día de estos se irá a la cama y no volverá a despertar. Y esa será su victoria definitiva, la prueba de que somos una raza de gusanos que merece la bota que los pisotea.

COMISARIO   Calla, mujer.

OFIDIA   ¿Sabes a los únicos que envidio en estos momentos?

COMISARIO   ¿A los cocineros?

OFIDIA   A los muertos.

COMISARIO   Calla, por favor.

OFIDIA   Al menos entregaron su vida. Pero ¿y noso-
                  tros? ¿Qué hemos hecho? Sobrevivir. Como
                  inmundas ratas. Eso somos. En eso nos he-
                  mos convertido.

COMISARIO   No seas tan severa ¿Qué otra cosa podíamos
                  hacer? Él tiene fusiles y gulag, nosotros solo
                  tenemos hambre. Hemos hecho lo que he-
                  mos podido. Deja que sea la historia quien
                  juzgue.

OFIDIA   ¿La historia? No me sirve. A los hombres de-
                  ben juzgarlos los hombres, a los vivos deben
                  juzgarlos los vivos. Después de muerto todo
                  lo que digamos de él ya no será justicia sino
                  anecdotario.

COMISARIO   ¿Y qué propones? ¿Qué quieres que haga-
                  mos? ¿Esperamos a que entre por esa puer-
                  ta y le abrimos la cabeza con un taburete?

OFIDIA   No. Matarlo a traición tampoco me vale. A
                  los tiranos hay que arrestarlos, someterlos a
                  juicio público. Son monstruos que se alimen-
                  tan del miedo del pueblo. Hay que ponerlos
                  contra las cuerdas. Quitarles la careta. Mos-
                  trar al pueblo que estos fantoches no son más
                  que humo envanecido. Empezando por Dios.

                  (*Entra* STALIN.)

STALIN   Bien dicho, camarada. Empecemos por Dios.

COMISARIO   ¡Camarada Stalin!

STALIN   He de suponer que ya tomaron una decisión ¿Damos comienzo a mi juicio?

OFIDIA   Nada me complacería más que verle juzgado y condenado.

COMISARIO   Atemorizado por el arrojo de su compañera. A Dios, quiere decir. Mi colega está deseando juzgar a Dios, ya la ha escuchado. Es una fanática de los juicios…

STALIN   Empecemos, pues. Yo tomaré el lugar del comisario, y ustedes serán los abogados defensores.

OFIDIA   ¿Y por dónde se supone que debemos empezar?

COMISARIO   Mi colega tiene razón. Es difícil ejercer de abogado de una abstracción. Todo buen comunista sabe que Dios no existe.

STALIN   Te equivocas. Existe.

COMISARIO   Usted habla en metáfora, claro.

STALIN   Yo nunca hablo en metáfora. Odio el retoricismo. Odio la lírica. A mí la lírica me levanta dolor de cabeza y me da por firmar sentencias de muerte

COMISARIO   Entonces, nada de lírica. Ni de metáforas. Vayamos al grano.

OFIDIA   ¿Por qué está usted tan convencido de que existe?

STALIN   Porque lo sé.

OFIDIA   ¿Acaso lo ha visto?

STALIN   No, por supuesto que no.

OFIDIA   ¿Lo ha oído? ¿Habla usted con Dios? ¿Escucha voces en su cabeza? Porque, si usted escuchara voces, eso explicaría muchas cosas...

STALIN   ¿Insinúas que estoy loco? ¡Claro que no lo he oído!

COMISARIO   No lo entiendo, camarada Stalin; si no lo ha visto ni lo ha oído, ¿cómo puede estar tan seguro, entonces, de que Dios existe?

STALIN   Si lo hubiera visto o pudiera hablar con él no habría organizado este juicio. Pero, si no creyera en él, ¿qué sentido tendría juzgarlo? Sé que existe porque sé leer sus mensajes.

COMISARIO   ¿Mensajes? Le advierto que me está usted confundiendo, camarada. Ya no sé si habla en metáfora o en jeroglífico.

STALIN   Claro que usted no puede entender. Ni a Dios ni mucho menos a mí. Usted es una hormiga...

COMISARIO   ¿Una hormiga, camarada...?

STALIN   Eso mismo, una hormiga. Carece de perspectiva y amplitud de miras. Se pasea sobre las páginas del libro de la vida y solo percibe manchas. Eso es lo que les ocurre a ustedes, camaradas. No ven lo que yo veo. Yo veo los mensajes de Dios. Puede que Dios, como todos los espíritus que no rinden cuentas más que así mismos, no sea de mucho hablar; pero, cuando lo hace, les aseguro que se expresa alto y claro, solo que en un lenguaje no apto para hormigas.

OFIDIA   Casi habría preferido que escuchara voces.

COMISARIO   ¡Por lo que más quieras, cierra esa boca!

STALIN   ¿Cuántos años tienes, camarada?

OFIDIA   (...)

STALIN   Da igual. No necesito saberlo. Eres joven. Y eso explica tu arrogancia. Pero, respóndeme camarada: a lo largo de tu vida, ¿cuántas veces me habías visto con tus propios ojos?

OFIDIA   (...)

STALIN   Responde. No tengas miedo.

OFIDIA   Hoy es la primera vez.

STALIN   ¿Cuántas veces escuchaste mi voz, no por la radio, sino frente a frente, tal y como la escuchas en este momento?

OFIDIA   Nunca.

STALIN   De modo que no me habías visto jamás. No me habías oído nunca. Ni un solo día de tus treinta y cinco años de vida. Sin embargo, ¿pasó alguna vez por tu cabeza la idea de que yo era un ser de tu fantasía?

OFIDIA   No.

STALIN   ¿Y sabes por qué no?

OFIDIA   (...)

STALIN   ¿Lo sabes tú, camarada Comisario?

COMISARIO   Bueno, excelencia, pues no sé qué decirle, pero...

STALIN   Porque habéis leído mis mensajes.

COMISARIO   Sigo sin entenderlo, camarada, ¿de qué mensajes habla?

STALIN   En el miedo, en el terror, en lo imprevisible, en lo absurdo, ahí he ido yo dejando mis mensajes para que nadie tuviera dudas de mi existencia. Igual que Dios.

COMISARIO   Si no fuera porque sé la repulsión que usted les tiene, diría que está hablando en metáfora.

STALIN   Ya sabéis eso que dicen: el pueblo solo se acuerda de santa Bárbara cuando truena. Pues bien, yo procuro que sobre mi pueblo truene cada día para que me tenga bien presente en sus miedos y en sus oraciones. Si no llega a ser por el miedo que os causo, ¿habríais creído en mí? ¿Me obedeceríais sin rechistar? ¿Habríais creído en mí de tener vuestros graneros repletos de trigo?

COMISARIO   Hombre, camarada, yo creo...

STALIN   A la mierda lo que tú creas. Me obedecéis porque me teméis. Cada vez que veis a un hombre morir de hambre decís: ¡ahí está Stalin! Cada vez que un hombre es sacado a empujones de su casa: ahí está Stalin. En los barracones de los gulags: ahí está Stalin.

OFIDIA   Este hombre está loco.

     (STALIN *se sube al estrado que antes ocupó el* COMISARIO *y asume su papel.*)

STALIN   ¡En pie! Preside la corte su excelencia, Iósif
                Vissariónovich Dzhugashvili, alias Stalin, Se-
                cretario General del Comité Central del Par-
                tido Comunista de todas las Rusias. Hoy, a
                cuatro de marzo de mil novecientos cincuen-
                ta y tres, se abre el caso número 19, barra 06,
                expediente 72. El estado del pueblo contra
                Dios. Comienza la sesión. Tiene la palabra el
                abogado defensor.

COMISARIO   Lo siento, excelencia, pero el procedimien-
                to es incorrecto. Para que yo proceda con la
                defensa, antes tiene usted que decir de qué
                delitos se acusa a mi cliente.

STALIN   ¿Delitos? ¿Es que no tienes ojos en la cara?
                Bastaría que te asomaras a un espejo para
                condenarle por crueldad manifiesta. Y no lo
                tomes como algo personal. No hablo de ti.
                Ante un espejo, a cualquiera de nosotros no
                se le ocurren más que acusaciones ¿Por qué
                me hizo débil pudiendo con el mismo esfuer-
                zo hacerme de acero? ¿A cuento de qué esta
                decadencia, este apagarse? Y, lo que es peor,
                esta conciencia que me hace ser testigo de
                mi propia podredumbre. Al menos las bes-
                tias no saben que se están pudriendo en vida
                ¿Qué tiene tu cliente que decir de todo eso?

COMISARIO   Bueno, camarada, yo creo que...

STALIN   No vuelvas a responderme con un *yo creo*
                si estimas en algo tu vida. Eres su abogado

defensor. O afirmas o niegas, pero no conjetures ni me aburras con suposiciones.

COMISARIO   Tiene usted razón, excelencia. Le pido disculpas. Lo que iba a decir es que yo creo... ¡no! ¡Yo afirmo! que mi cliente no nos hizo imperfectos, sino inacabados. La perfección es un camino que cada cual ha de recorrer con su propio esfuerzo y por su propia voluntad.

STALIN   ¡Pamplinas! Ningún carpintero deja una silla a medias y le dice: vamos, levántate, termina tú de remacharte y de pulirte y cumple cabalmente con tu papel de silla o, de lo contrario, arderás en el maldito infierno por toda la eternidad. Eso, ni es económico ni es sensato. Hasta el padre más estúpido, de haber tenido poder para ello, habría colmado a sus hijos de perfecciones, no de carencias.

OFIDIA   Es que tal vez el error consista en dar por supuesto que Dios Padre sea sensato. Pocos padres lo son, en realidad. Usted es padre, debería saberlo.

COMISARIO   ¡Por todos los diablos, querrás cerrar esa bocaza!

STALIN   Deja que hable. Explícate, mujer.

OFIDIA   Pocos padres conozco yo de los que diría que su mejor virtud es la sensatez. Si fueran sensatos no habrían sido padres.

STALIN   ¿A dónde quieres ir a parar?

OFIDIA   Que a lo mejor Dios nos trajo al mundo como cualquier padre trae al mundo a sus hijos, movido acaso por el amor y cargado de buenas intenciones, pero sin prever las consecuencias.

STALIN   ¿En eso basas tu defensa? ¿En la ignorancia? Te recuerdo que es omnipotente, puede arreglar cualquier desaguisado. Y es omnisapiente, conoce de antemano las consecuencias de cualquier acción. Debe de haber un motivo superior a la ignorancia para que un ser inmortal y todopoderoso nos trajera al mundo, ¿no crees, camarada?

(Entra Vladimir KATON.*)*

KATON   Sí. El único motivo por el que un poderoso hace cuanto hace. Porque puede hacerlo, y porque necesita demostrar que puede hacerlo. En especial, con seres indefensos sobre los que ejercer impunemente su poder.

STALIN   ¿Quién eres tú?

KATON   Vladimir Katon, excelencia. Un viejo profesor, ya en retiro. Me han dicho que usted busca argumentos con los que demostrar la existencia de Dios, y aquí me tiene.

STALIN   Le han informado mal, camarada. Su existencia no es lo que está aquí dirimiéndose;

lo que tratamos es de obligarle a que se persone en esta corte y se justifique por sus actos.

KATON   Como en el libro de Job.

STALIN   Exacto. Veo que al fin hay alguien que entiende lo que quiero decir. Sí, como en el libro de Job.

OFIDIA   Disculpad mi ignorancia bíblica, camaradas, ¿qué sucede en el libro de Job?

KATON   Según el Antiguo Testamento, Dios y Satán se concertaron para poner a prueba a Job, el más santo de los hombres. Dios asesinó a sus hijos, a sus siervos, destrozó sus propiedades y, no conforme con esto, infectó su cuerpo con unas pústulas horribles, pero Job no se desmoronó. A cada infortunio alzaba los ojos al cielo y exclamaba: si aceptamos la dicha que Dios nos envía, por qué no aceptar la desgracia.

STALIN   Puesto que su religión establece que Dios no castiga más que a los culpables, hubo de soportar que sus amigos, incluso su propia esposa, lo acusaran de hipócrita, de ocultar algún pecado secreto.

KATON   Sin embargo, Job siguió defendiendo su inocencia. A sus acusadores, Job les responde: conozco la Ley y no voy a entrar en litigio con vosotros, es con Dios con quien quiero discutir. Job se siente tan en posesión de la verdad que reta a Dios a un careo.

STALIN   Di mejor a un juicio, si es que quieres ser preciso.

OFIDIA   ¿Y qué ocurrió? ¿Apareció Dios?

KATON   Claro que apareció. Y habló con él no una sino hasta tres veces.

OFIDIA   ¿Se disculpó? ¿Le dio alguna razón de por qué había gastado tanta crueldad con un hombre justo?

STALIN   Un dios jamás se disculpa.

OFIDIA   Pero es absurdo. Es una historia horrible.

KATON   Hija mía, me temo que su excelencia tiene razón. En lugar de razones, recriminó a Job su soberbia y le preguntó que quién era él, un triste siervo, para pedir cuentas de sus actos a todo un Dios.

STALIN   Job, a su modo, salió triunfante. Retó a Dios a un juicio y éste compareció, expuso sus razones, y Job las aceptó y fue por ello recompensado. Como lo seré yo si, en vez de perdernos en explicaciones de colegiales, nos centramos en llevar a cabo mi juicio.

KATON   Pero es que tú yerras en los planteamientos,
             camarada. En el triángulo Dios, Satán y Job,
             tú nunca podrías ser Job, sino Satán.

STALIN   Refrena tu lengua, camarada. Piensa bien lo
             que dices o ni tus blancos cabellos podrán
             protegerte.

KATON   Job es el pueblo. Inocente y sometido. Tú
             eres el Satán que lo arrastra de una a otra
             prueba hasta llevarlo al límite de sus fuerzas.

STALIN   ¡Viejo loco! ¡Te lo advierto, frena tu lengua!

OFIDIA   No se lo tengas en cuenta, camarada; es solo
             un pobre anciano.

KATON   Cierto. Pobre y anciano. Pobre, porque todo
             cuanto tuve me fue arrebatado. Mi mujer, mi
             hijo, arrebatados por el hambre y la tristeza.
             Anciano, también, y de eso sí me culpo, por-
             que, de haber sido más hombre y menos co-
             barde, hace años que estaría muerto, como
             muerto está lo mejor de nuestra raza. Solo
             hemos sobrevivido la escoria. Enorgulléce-
             te, tirano, esa será tu gran obra.

STALIN   Ojo, anciano; estás tentando a tu suerte y, de
             seguir por ese camino, temo mucho que te
             arrepentirás.

KATON   Lejos de eso, camarada, solo me arrepenti-
             ría si callara. Hoy tendrás que escucharme.

Acaso te escueza porque tus oídos no están habituados a la verdad sino al halago. Pero también en esto no haces más que imitar el modelo del viejo Dios judío, ese mismo al que no te has cansado de denostar en público e imitar en privado. Tú, camarada, eres un Satán que, como todos los satanes, se muere de celos por no ser Dios.

STALIN   ¡Que alguien quite de mi vista a este hombre antes de que lo mande fusilar! ¡Vuelve a tu casa, viejo estúpido!

OFIDIA   Por favor, Vladimir, no sea insensato. Deje que nosotros lidiemos con este asunto. Lamento que mis compañeros lo hayan involucrado. Pero, ahora, váyase a casa. Se lo ruego. Aún está a tiempo.

KATON   ¿No querías un juicio a Dios, camarada? ¿Por qué no empezar por enjuiciarte a ti primero? Sería justo. Tú eres nuestro único y verdadero Dios. Llevas treinta años erigiéndote en Dios. Castigando y premiando a tu antojo.

STALIN   Deliras. No sabes lo que dices.

KATON   Como Dios, te has convertido en un fantasma inaccesible. Solo te apareces a tus elegidos, un rebaño de ignorantes supersticiosos. Como Dios, te rodeas de una corte de aduladores. Tus esbirros son tus ángeles y tus serafines, y de ellos te has servido para doblegar las rodillas de tu pueblo.

STALIN   El pueblo me lo debe todo. Antes de mí solo había corrupción y desorden.

KATON   Hablas del estado como Dios debe hablar del universo: antes de mí, el caos, y por el poder del terror y de la voluntad he instaurado el orden en siete días. Tu boca es un manantial de plagios.

STALIN   Estás agotando mi paciencia.

KATON   Como Dios, tu máxima es «obedéceme sin cuestionarme». Como Dios, premias al sumiso y castigas al hereje. Tu objetivo es la perfección de tu obra, de tu Estado, sin importarte la felicidad de los individuos, y en eso también imitas a Dios. Con la barriga llena exiges continencia a un pueblo que se muere de hambre y de miedo, y a cambio prometes que un día, nadie sabe cuándo, llegará la abundancia, la paz, la libertad, es decir, el paraíso. Siempre en el más allá. Nunca para disfrutarlo en esta vida. Incluso te has inventado, como Dios, a tu propio y conveniente demonio con el que nos asustas a diario, advirtiéndonos de sus mil tentaciones terrenales, solo que tú, en vez de llamarle Satán le llamas Capitalismo.

STALIN   ¡Basta!

KATON   Ya ves, camarada, que tengo razón: no eres más que un simple plagio, y como todos los imitadores, tratas de ocultar los rastros y juegas al despiste. Por eso te haces y nos haces pasar por ateos, excelencia, cuando, en realidad, no eres más que un meapilas con delirios de grandeza.

STALIN   ¡Qué alguien lo haga callar o juro que yo mismo le pegaré un tiro!

KATON   Has montado este juicio no para que Dios se justifique sino para justificarte tú, porque el mayor temor de un tirano es pasar a la historia como un ser ridículo. Morirás vomitando lo que tragaste, y tú solo has tragado maldades. Lo dice el libro de Job: breve es la alegría del malvado. Devuelve la riqueza que tragó; Dios se la hace vomitar.

STALIN   ¡Maldito viejo demente! Por mucho menos he mandado fusilar a amigos íntimos. No vales el tiempo que he gastado en escucharte. Ni siquiera me molestaré en enviarte al pelotón de fusilamiento. Toma mi revólver. Mátate tú mismo. Es una orden. Pero hazlo fuera, no quiero que ensucies esta corte con tus porquerías.

KATON   Con mucho gusto, camarada. Mi misión aquí ha concluido. Después de tantos años de remordimiento, me retiro con algo de dignidad.

STALIN   Cobarde. Tienes una pistola entre las manos y ni siquiera eres lo bastante hombre como para usarla contra mí.

KATON   Soy lo bastante hombre para no dejarme arrastrar por tu maldad. Nunca he usado la violencia contra otro ser humano. No la usaré ahora. Ni siquiera contra ti. Si lo hiciera, me habrías derrotado, me habrías convertido en algo semejante a ti. Y eso sí que no podría perdonármelo.

STALIN   ¡Fuera!

(KATON *toma el revólver y sale.*)

OFIDIA   Excelencia, te lo ruego. Perdónalo. Tú mismo lo has dicho, es un viejo demente.

STALIN   Me ha insultado. En mi propia corte. Es un acto de alta traición. De todo punto imperdonable.

OFIDIA   Demuéstrale que se equivoca, ofrécele tu misericordia, es tu oportunidad para demostrar que no eres un tirano con el alma de piedra.

STALIN   Nunca. Yo jamás rectifico. Jamás doy un paso atrás. La orden está dada. Cúmplase.

(*Suena un disparo.*)

OFIDIA   ¡No! ¡Monstruo! ¡Has matado a un anciano!
              ¡Un hombre inocente! ¡Asesino!

COMISARIO   Calla. ¿Quieres que te mate también a ti? Dis-
              cúlpela, excelencia. Demasiado sensible. Está
              conmocionada.

STALIN   Prosigamos con el juicio.

COMISARIO   Tal vez deberíamos suspender la vista hasta
              que mi colega se reponga. Ha sido una dura
              jornada, excelencia. Muchas emociones para
              un corazón tan impresionable... y un estó-
              mago tan vacío.

STALIN   Adelante. Continuemos. No hay tiempo para
              niñerías.

COMISARIO   Pero, excelencia, acaba de morir un hombre.
              Y, si me permite que le diga, la culpa es nues-
              tra, por haberlo involucrado.

STALIN   Lo que acabamos de presenciar es la vida tal
              como tu cliente la diseñó, abogado. Muerte,
              dolor, sufrimiento, barbarie. No la inventé
              yo. Es a Él, y no a mí, a quien debes pregun-
              tar por qué ha muerto el anciano Katon. Pre-
              gúntale por qué Él, que todo lo puede, no
              ideó un mundo mejor, sin injusticias, sin su-
              frimiento; simplemente morir, dar paso a la
              siguiente generación, sin traumas, sin pade-
              cimientos.

COMISARIO   Bueno, camarada, si hay que creer lo que
             cuentan los clásicos, así fue en un principio.
             En el paraíso, la arcadia, la edad de oro, tiem-
             pos de perfección. Luego, con el pasar de los
             años, yo creo...

STALIN   ¿Cómo dices?

COMISARIO   ¡Yo afirmo! Afirmo que, con el tiempo, con el
             pasar de los años, a Dios debió sucederle lo
             que nos pasa a todos, que se pierde el entu-
             siasmo, y las facultades merman. No todos
             tenemos su naturaleza de hierro, excelencia.

STALIN   Eso te lo concedo.

COMISARIO   Dios es un proletario con el pie en el tajo des-
             de el principio de los tiempos. Su obra es in-
             mensa y, en la mayor parte, de excelente ca-
             lidad y con un acabado más que pasable. Si
             con los humanos se permitió ciertas licen-
             cias acháquelas a que somos su última crea-
             ción. Lo dice en la Biblia. Nos hizo el día sex-
             to. Ya estaba mayor. Prueba de ello es que se
             jubiló al día siguiente.

STALIN   Eso también se lo concedo.

COMISARIO   Es por ello por lo que reclamo a este tribunal
             que exima a mi cliente de toda responsabili-
             dad, pues, si cometió algún desaguisado, lo
             hizo, sin duda, actuando bajo los efectos de
             una demencia senil galopante.

STALIN   ¿Demencia senil?

COMISARIO   Galopante, excelencia. Si repara usted, observará que cuanto se dice de él en la Biblia avala mi teoría. Desde el Génesis al libro de Malaquías, cada vez que aparece Dios, actúa como un viejo gruñón, malhumorado y cargado de manías. Cosas, todas ellas, que da la edad.

OFIDIA   ¡Prometiste que durante el juicio podríamos hablar con libertad, sin temer represalias! ¡Y tú has matado a un hombre inocente por expresar su pensamiento! ¡Asesino!

COMISARIO   ¡Ofidia, por lo que más quieras, calla la boca!

STALIN   Ha muerto por traidor. Yo soy el representante del pueblo; el que me insulta a mí, insulta a la madre patria.

OFIDIA   Mientes. Vladimir tenía razón. Tú no conoces más patria que tu propio egoísmo. Tú no eres el pueblo. Si alguna vez lo fuiste, ya no. Y ese es el más sangrante de tus crímenes. Haber traicionado la fe que el pueblo puso en ti un día.

STALIN   Abogado, haz callar a tu colega o no respondo de mí.

COMISARIO   ¿Te has vuelto loca? ¿Es que acaso quieres que te maten? ¡Calla!

OFIDIA
Mírate. ¿Crees que eres un libertador? Te equivocas. Eres un tirano. Y como todos los tiranos no eres más que un monstruo. Eres el Minotauro haciéndose pasar por Teseo. Llevas tanto tiempo engañándote a ti mismo que ni te percatas de que tienes las fauces llenas de sangre inocente.

STALIN
Agotaste mi paciencia, mujer ¡Por el delito de insubordinación, te condeno a vivir en un gulag hasta el fin de tus días!

COMISARIO
¡No! Espere un momento, excelencia, yo la calmaré.

OFIDIA
¡Asesino!

COMISARIO
Calla.

OFIDIA
¡Asesino y mil veces asesino!

COMISARIO
¡Por lo que más quiera, cierra esa boca!

OFIDIA
¡Monstruo!

STALIN
¡Al gulag, ahora! ¡Es una orden!

COMISARIO
¡Basta!

STALIN
¡Cúmplase!

COMISARIO
¡Basta! ¡Basta!

(OFIDIA *se va.* COMISARIO, *abatido, se deja caer hasta desaparecer tras el estrado de los acusados, desde donde, tal vez por los nervios, la voz le sale maquillada, y* STALIN, *en su obsesión, reconocerá en ella la voz de* DIOS.)

DIOS   (*Voz en off.*) ¡Basta! Stalin, ¿qué estás haciendo?

STALIN   ¿Quién pronuncia mi nombre? ¿Quién me llama? Dios, ¿eres tú?

DIOS   (*Voz en off.*) Tú lo dices, no yo. Tú dices quien soy.

STALIN   ¡Eres tú! Dios. Sabía que no me defraudarías.

DIOS   (*Voz en off.*) ¡Yo nunca defraudo!

STALIN   Como a Job, me tachaban de loco por invocarte, y aquí estás.

DIOS   (*Voz en off.*) Aquí estoy. Dime eso tan urgente que me tienes que decir, pero procura ser breve. Tengo un universo que atender.

STALIN   Te comprendo. Yo también tengo un imperio que atender. Pero soy muy anciano, me siento muy enfermo, y tuve ayer unos sueños horribles; dime, ¿llegó mi hora? ¿Acaso esta noche voy a morir?

DIOS   (*Voz en off.*) Morir, dormir, tal vez soñar. Sí, ahí está el obstáculo. Porque es forzoso que...

STALIN   ¿Me estás recitando Hamlet?

DIOS   (*Voz en off.*) No nos desviemos del asunto. Te conozco, Stalin ¿Por qué hay tanto odio en tu corazón? ¿Quién lo hirió de esa manera?

STALIN   Te engañas. Yo soy Stalin, a mí nadie puede herirme.

DIOS   (*Voz en off.*) Vamos, granujilla, no pretenderás engañarme…

STALIN   De niño te rezaba cada noche pidiéndote ayuda. Deberías saberlo.

DIOS   (*Voz en off.*) Millones de niños me rezan cada noche, no puedo acordarme de todos.

STALIN   Me decepcionaste. Confié en ti. Mi madre afirmaba que, si cerraba los ojos y te hablaba con el corazón en los labios, nada malo podría ocurrirnos. Ella te rezaba y yo me abrazaba a sus rodillas y me unía a su plegaria: Señor, líbranos de todo mal, no nos desampares en la adversidad. Pero tú jamás atendiste nuestro ruego.

DIOS   (*Voz en off.*) Hombre, yo...

STALIN   Permitías que cada noche llegara aquel hombre sucio, borracho y pendenciero en el que el alcohol había convertido a mi padre, y nos hiciera tragar los rezos a puñetazos.

DIOS   (*Voz en off.*) Así que es eso... tu padre...

STALIN   Yo lo amaba. Antes de convertirse en un mamarracho había sido un buen padre. Y yo te rezaba para que le sacaras el diablo del cuerpo. En vez de eso, se largó. Yo tenía nueve años y lo amaba. Y él desapareció. Sin una palabra. Sin decirme jamás qué hice para que me odiara, qué podía haber hecho para que se quedara a nuestro lado, para que me amara. Yo tenía nueve años. Y tú no escuchaste mis rezos. Eres un monstruo.

DIOS   (*Voz en off.*) Vamos, camarada, más presencia de ánimo. Ahora estoy aquí, y te estoy escuchando.

STALIN   Ahora estoy tan cansado.

DIOS   (*Voz en off.*) Lógico ¡Tantas sentencias de muerte!

STALIN   ¿Cómo dices?

DIOS   (*Voz en off.*) Ve a dormir. Yo cuidaré de todo.

STALIN   Pero las voces, las pesadillas...

DIOS   (*Voz en off.*) Descansa. Recupera energías. Shakespeare dice: en los cuerpos más débiles la fantasía obra con más fuerza.

STALIN   Ignoraba esa querencia tuya por el teatro.

DIOS   (*Voz en off.*) Especialmente por Hamlet. Una obra que te recomiendo vayas a ver al Central en cuanto puedas. El actor que interpreta a Hamlet está divino.

STALIN   Me siento muy fatigado.

DIOS   (*Voz en off.*) Ve a dormir. Yo velaré tus sueños. Acallaré tus voces.

STALIN   ¿Lo prometes?

DIOS   (*Voz en off.*) A cambio, libera a los actores que acabas de condenar.

STALIN   Eso no puedo hacerlo.

DIOS   (*Voz en off.*) Vamos, hazlo por mí. De tirano a tirano. Quiero decir de gobernante a gobernante.

STALIN   Es que yo nunca rectifico.

DIOS   (*Voz en off.*) Iósif Vissariónovich, mira que no tenga que volver a repetírtelo

STALIN   Lo haré. Pero que conste que lo hago porque eres Tú.

DIOS   (*Voz en off.*) Y dales de comer y de beber hasta saciarlos.

STALIN   Como desees.

DIOS   (*Voz en off.*) Pan de maíz y vino tinto.

STALIN   De acuerdo.

DIOS   (*Voz en off.*) Añádeles chuletas de cerdo.

STALIN   No hay problema.

DIOS   (*Voz en off.*) Que estén bien pasadas. Y un puñado de papas fritas.

STALIN   El caso es que tu voz me suena familiar.

DIOS   (*Voz en off.*) Hemos acabado. Corre, vete a dormir. Descansa. Deja el peso del mundo sobre mis hombros.

STALIN   Sí. Estoy muy cansado. Muy cansado.

          (STALIN *se va.* COMISARIO, *que apenas se cree lo sucedió, continúa en su escondite. Entra* OFIDIA.)

OFIDIA   ¿Comisario? ¿Eres tú?

COMISARIO   (*Aún con voz de* DIOS.) Tú lo dices, tú dices quien soy.

OFIDIA   (*Lo ayuda a salir y a incorporase.*) Levanta. Deja que te ayude a incorporarte ¡Has sido tan valiente!

COMISARIO   ¿Valiente? ¡Pero si tengo paralizadas las piernas de puro miedo!

OFIDIA   Me has salvado. Nos has salvado.

COMISARIO   No he sido yo. Ha sido Hamlet.

OFIDIA   ¿Hamlet?

COMISARIO   Los males desesperados se alivian con remedios desesperados, o no tienen alivio.

(*Entra* ABOGADO.)

ABOGADO   ¡Stalin ha muerto!

OFIDIA   ¿Cómo dices?

COMISARIO   No es posible. Acaba de salir de aquí.

ABOGADO   Sí, lo sé. Lo he visto pasar delante de mis narices con sus bigotes oliendo a pan y aceite, pero ha sido cruzar la puerta y derrumbarse. Sus asistentes lo han echado sobre un sofá. Luego se han puesto a llamar a los médicos a gritos. Pero los médicos están casi todos fusilados. Y a los pocos vivos los paralizaba el miedo. Para cuando han conseguido movilizar a un médico ya no había nada que hacer.

OFIDIA   ¿Estás seguro de que no es un desmayo?

ABOGADO   Seguro. Está muerto. Se acabó. Escuché a uno de los médicos mandar firmar el parte de defunción.

OFIDIA   ¿Entonces es cierto que se acabó? ¿Somos libres?

COMISARIO   Somos libres.

OFIDIA   ¿Qué ocurrirá ahora? ¿Qué será de nosotros?

ABOGADO   Por lo pronto, salgamos de aquí a toda prisa. Me asfixian estas paredes ¡Asaltemos las cocinas!

COMISARIO   ¡Eso, a las cocinas!

OFIDIA   ¡Esperad! ¿Dónde creéis que vais?

COMISARIO   A casa, por supuesto.

ABOGADO   Después de comer, por supuesto.

OFIDIA   ¿Y el Juicio a Dios? ¿Para esto ha muerto Burianov? ¿Para esto se sacrificó Katon? ¿Es que nos vamos a casa y ya está? ¿Después de todo lo que ha pasado esta noche? ¿Eso es todo?

ABOGADO   Por nuestra parte, sí. Bastante triunfo es salir de aquí con vida.

OFIDIA   ¿Estás de acuerdo? ¿Aún te sigues conformando con sobrevivir? Porque, no sé tú, pero yo he sentido que esta noche ha ocurrido algo, que hemos hecho algo especial, algo grande. Era como tener al gran tirano entre las cuerdas ¡Terminemos el juicio!

COMISARIO   Somos cómicos, querida, no jueces, ni abogados.

OFIDIA   Exacto. Somos cómicos. Y nos contrataron para esta representación. ¿Qué clase de profesionales seremos si abandonamos a mitad del espectáculo? Amigos, vinimos a representar una obra. Concluyámosla. Tú accediste a interpretar al comisario Lunacharski. Pues bien, Lunacharski no cejó hasta haber dictado un veredicto. Da tú el tuyo. Culpable o inocente. Tú decides.

COMISARIO   Vale. Como quieras. Acabemos con esto.

ABOGADO   ¿En serio? ¿Os habéis vuelto locos?

COMISARIO   Silencio, señor abogado. Toma la palabra el Comisario del pueblo, Anatoli Vasilievich Lunacharscki. Se reanuda el caso número 19, barra 06, expediente 72. El Estado del Pueblo contra Dios, también conocido con el sobrenombre de Altísimo, Padre, Ser Supremo,

Creador, Señor, Todopoderoso y otras exage-
raciones que omitimos para no ofender la in-
teligencia de la sala. Tras haber escuchado a
las partes, y a punto de dar por finalizada la
vista, invito al abogado defensor y a la señora fiscal a que añadan lo que estimen oportuno añadir antes de que este tribunal dicte sentencia en firme. ¿Señor abogado defensor?

ABOGADO   Nada que agregar a lo ya dicho, excelencia.
El mundo es un estercolero, de acuerdo. La
gente muere y se mata. Existen las guerras y
los gulags, nadie va a negarlo. Pero aquí se
hace oportuno recordar que no es mi cliente quien aprieta el gatillo ni quien siembra
los campos de alambradas de espino. Dotó a
sus criaturas de libre albedrío, brújula infa-
lible que indica la dirección de las buenas y
las malas decisiones. A partir de ahí, que cada
palo aguante su vela.

COMISARIO   Gracias, señor abogado. Es el turno para la
señora fiscal.

OFIDIA   Comparto la opinión del señor abogado: no
es su cliente el que pulsa el gatillo ni el que
levanta los muros, para eso dispone de un
ejército de ángeles con espadas de fuego y de
leguleyos que escriben para él salmos, leyes,
tratados, decretos con los que ajustar la libertad de los hombres a su conveniencia. De
acuerdo que Él no hace nada, que es el libre albedrío de un puñado de malvados y

la indiferencia del resto lo que causa el mal en el mundo; pero el no hacer nada, siendo Él el único que podría hacer algo, es en sí mismo el más condenable de los delitos.

COMISARIO   Gracias, señora Ofidia. Gracias, señor abogado. Hemos llegado al fin de este proceso. Y habiendo escuchado a los testigos y habiendo todas las partes interesadas expuesto libremente su criterio, y en virtud de las diversas pruebas presentadas por las partes, este tribunal, por el poder que le otorga el Estado del Pueblo, decreta que el procesado es hallado culpable de los siguientes delitos: dejación de poderes y omisión de auxilio.

ABOGADO   Protesto, señoría. Hacer recaer toda la culpa sobre mi cliente me parece excesivo…

COMISARIO   Silencio, abogado. Déjeme terminar. El procesado es declarado culpable; ahora bien, entendemos, así mismo, que la raza humana se ha hecho copartícipe de tales crímenes, por pereza, por cobardía congénita, por confundir teología con tiranía, y por dar más crédito a la vida prometida en el más allá que a la vida palpable y disfrutable en el más acá. Es por todo ello que este tribunal dictamina una orden de alejamiento entre los hombres y los dioses, sean estos últimos de cualquier raza, talante o condición. Así mismo, por el poder que me confiere el Estado del Pueblo, condeno al género humano a encomendarse al juicio de su sentido común, a tomar por lazarillos a la ciencia y al arte y a buscar el cobijo de lo que une, de lo que hermana, y alejarse de toda idea, filosofía o teología que traiga en la lengua el tufo de la discordia. Leída la sentencia, en Moscú, a cuatro de marzo de 1953. Cúmplase. Se levanta la sesión. Y, ahora sí, ¡asaltemos las cocinas!

Fin.